Anika Görtz

Kritische Erfolgsfaktoren von Kreativagenturen

Görtz, Anika: Kritische Erfolgsfaktoren von Kreativagenturen, Hamburg, Igel Verlag RWS 2015

Buch-ISBN: 978-3-95485-318-2
PDF-eBook-ISBN: 978-3-95485-818-7
Druck/Herstellung: Igel Verlag RWS, Hamburg, 2015

Bibliografische Information der Deutschen Nationalbibliothek:
Die Deutsche Nationalbibliothek verzeichnet diese Publikation in der Deutschen Nationalbibliografie; detaillierte bibliografische Daten sind im Internet über http://dnb.d-nb.de abrufbar.

© Igel Verlag RWS, Imprint der Diplomica Verlag GmbH
Hermannstal 119k, 22119 Hamburg
http://www.diplomica.de, Hamburg 2015
Printed in Germany

Inhaltsverzeichnis

Abbildungsverzeichnis

Tabellenverzeichnis

Abkürzungen

ABC	Activity-based-costing
ADC	Art Directors Club
BSC	Balanced Scorecard
CD	Creative Director
CEO	Chief Executive Officer
CFO	Chief Financial Officer
CLV	Customer Lifetime Value
CPV	Customer Perceived Value
DB	Deckungsbeitrag
GuV	Gewinn- und Verlustrechnung
GWA	Gesamtverband Kommunikationsagenturen
i.e.S.	Im engeren Sinne
KPI	Key Performance Indicator
PMS	Performance-Measurement-System
QM	Qualitätsmanagement
QMS	Qualitätsmanagementsystem
ROI	Return of investment

1. Einleitung

Werbung ist ein people-Business. Wie sehr der Erfolg der Agenturen von ihren Mitarbeitern abhängt, hat der Niedergang der einst erfolgreichsten deutschen Agentur, Springer & Jacoby, gezeigt.[1] Die Agentur, gegründet 1979, meldete 2010 Insolvenz an.[2] In der Zwischenzeit gewann sie zahlreiche nationale und internationale Auszeichnungen, u. A. beim ADC (Art Directors Club) Europe und bei den Werbefilmfestspielen in Cannes.[3] Springer & Jacoby galt jahrelang als beste Agentur Deutschlands, beschäftigte mehrere hundert Mitarbeiter und gilt in Deutschland als „Mutter der unabhängigen, inhabergeführten Werbeagenturen".[4] Ehemalige Mitarbeiter gründeten eigenständige Agenturen, die heute die Spitze der Kreativrankings anführen und warben in der Folge die größten Kunden der einstigen „Elite-Agentur" ab.[5]

Der Verlust von kreativem Potenzial und bedeutenden Kunden ist das größte Risiko der Agenturen und zugleich zeigt die Entwicklung der heutigen Werbeindustrie, dass die Fluktuation von Mitarbeitern und Kunden oft - im Vergleich zu anderen Branchen - extrem hoch ist. Aus diesen Gründen ist das Controlling von Kreativagenturen vor besondere Herausforderungen gestellt, frühzeitige Warnsignale zu erkennen, um die Steuerung und Führung zu ermöglichen und langfristiges Wachstum zu generieren.

Das Thema dieser Ausarbeitung geht somit der Frage nach, welche Besonderheiten das Controlling von Kreativagenturen aufweist und welche kritischen Erfolgsfaktoren[6] zur ganzheitlichen Sicht herangezogen werden müssen. Des Weiteren wird untersucht, wie die Steuerung und Führung einer Agentur mittels eines Performance Measurement Systems[7] möglich ist und welche Kennzahlen[8] und

---

[1] Vgl. http://www.faz.net; und http://www.handelsblatt.com.

[2] Vgl. http://www.welt.de.

[3] Vgl. http://de.wikipedia.org/.

[4] Vgl. http://www.faz.net/.

[5] Vgl. ebenda.

[6] Kritische Erfolgsfaktoren: Dabei handelt es sich „um Einflussfaktoren des Erfolgs, die auf keinen Fall ... vernachlässigt werden dürfen, denen längerfristig als Existenzvoraussetzungen eine überragende Bedeutung zukommt." Sie offenbaren meist Haupterfolgsgründe oder Kernprobleme. Vgl. Gladen (2005), S. 14.

[7] „Performance Measurement bezieht sich auf den Gebrauch einer mehrdimensionalen Anzahl von Kennzahlen. Performance Measurement Systeme können auch als Kennzahlensysteme bezeichnet werden. Sie sind insofern mehrdimensional, als dass sie sowohl monetäre als auch nicht-monetäre Kennzahlen beinhalten, un-

Indikatoren[9] zu diesem Zweck ausgewertet werden müssen. Damit bilden die folgenden Kapitel einen Mehrwert für Agenturen, indem umfassend der praktischen Problematik des Controllings in Agenturen durch einen Transfer anhand der Balanced Scorecard begegnet wird, um eine ganzheitliche strategische und operative Steuerung zu ermöglichen.

1.1 Problemstellung

Die veränderte Medienlandschaft und das sich stark wandelnde Mediennutzungsverhalten der Zielgruppen stellen Kreativagenturen sowie ihre Kunden vor enorme Herausforderungen. Der Wettbewerbs- und Preisdruck innerhalb der Branche ist groß, zugleich kämpfen die Agenturen um ihr Image, ihr kreatives Potenzial, um Talente, die nicht selten von anderen Agenturen abgeworben werden, und nicht zuletzt um ihre Kunden, die trotz prinzipieller Zufriedenheit wechselwillig sind und somit das Wachstum und die Ziele der Agenturen bedrohen.[10] Agenturen scheint es zunehmend schwer zu fallen, auf die sich ständig ändernden Bedingungen ihres Umfelds rational und konsistent zu reagieren. Die Praxis in vielen Agenturen zeigt, dass Strategien kaum oder nur unzureichend durchgesetzt werden, und es oft an integrierten Controllingsystemen fehlt, die die Zielsetzungen der Agentur gemäß dem Controlling-Regelkreis überprüfen.[11] Durch die Komplexität der Leistungserstellung bedingt treten insbesondere Schwachstellen bei der Erkennung von Frühindikatoren auf, so dass Abweichungen von der Planung teilweise zu spät erkannt werden und nicht angemessen rational reagiert werden kann. Zudem sind „klassische Controllinginstrumente" oft nicht übertragbar auf die speziellen Anforderungen von Kreativagenturen, da Dienstleistungsunternehmen nicht mit klassischen Industrieunternehmen vergleichbar sind. Die

---

ternehmensinterne und –externe Sachverhalte messen sowie in vielen Fällen Kennzahlen beinhalten, die sowohl Erreichtes quantifizieren als auch versuchen, Zukünftiges vorherzusagen." Schreyer (2007), S. 29.

[8] „Kennzahlen sind hochverdichtete Messgrößen, die in präziser, konzentrierter und dokumentierter Form als Verhältniszahl oder absolute Zahl über einen zahlenmäßigen Sachverhalt berichten, über Entwicklungen einer Unternehmung informieren und strategische Erfolgsfaktoren bilden." Preißler (2008), S. 11.

[9] Indikatoren sind „im engeren Sinne keine über Verdichtung gewonnenen quantitativen Informationen. Sie sind Ersatzgrößen, deren Ausprägung oder Veränderung den Schluss auf die Ausprägung oder Veränderung einer anderen als wichtig erachteten Größe zulassen." (2005), S. 14. Nach Gladen gehören zu Indikatoren oft „weiche Faktoren" wie beispielsweise die Messung von subjektiven Zufriedenheitsgraden der Kundenzufriedenheit.

[10] Vgl. Botzenhardt (2012), S. 20; und www.wuv.de.

[11] Der Controlling-Regelkreis nach Horváth beschreibt die Festlegung von Zielen, Planung, Soll-Ist Vergleich von auftretenden Abweichungen und die Steuerung der Gegenmaßnahmen. Siehe hierzu auch Horváth & Partner (2000), S. 12.

Schwierigkeit ist zum einen aus der Kostenstruktur von Dienstleistungsunternehmen und des Einbezugs des Kunden in den Leistungserstellungsprozess gegeben. Eine große Bedeutung haben hierbei Wissensdefizite, wie sie im Rahmen des Neuen Informationsökonomischen Ansatzes dargestellt sind.[12] Bedingt durch das bereits schwer „kontrollierbare" äußere Umfeld, scheint es umso wichtiger, die Steuerung der internen Indikatoren zu systematisieren.

1.2 Zielsetzung und Vorgehensweise

Die Zielsetzung der vorliegenden Thesis besteht in der Erarbeitung von erfolgskritischen Kennzahlen und Indikatoren, mit denen sich ein Performance-Measurement-System[13] agenturspezifisch abbilden lässt. Dabei sollen zum einen die Besonderheiten von Kreativagenturen dargestellt werden und geeignete Performance-Measurement-Systeme anhand der erarbeiteten Indikatoren auf ihre Eignung hin überprüft werden. Ziel ist weiterhin die funktionale Erörterung der Indikatoren sowie des Kennzahlensystems und dessen beispielhafter Anwendung.

Dazu sollen zunächst in Abschnitt 2.1 die theoretischen Grundlagen des Dienstleistungscontrollings dargelegt werden. Der Stand der Wissenschaft legt es nahe, sowohl Untersuchungen und Studien aus der Kreativbranche selbst, aber auch aus ähnlichen Bereichen heranzuziehen um die Besonderheiten des Controllings im Dienstleistungsbereich zu extrahieren. Anhand der Wertschöpfungskette für Dienstleistungsunternehmen werden die KPIs der Agenturen differenziert. Anhand dieser Anforderungen soll anschließend ein geeignetes Performance-Measurement-System für Agenturen gefunden werden (Abschnitt 2.2).

Das dritte Kapitel beschreibt die Fallstudie der Agentur Saatchi & Saatchi und erörtert die Kennzahlen anhand der im zweiten Kapitel abgeleiteten Besonderheiten. Gegliedert ist das Kapitel in die vier Perspektiven der Balanced Scorecard, die die erfolgskritischen Kennzahlen und Indikatoren beinhalten und die jeweils in einem Zwischenfazit mit einer beispielhafte Anwendung der Perspektive abschließen, aus der die Bedeutung für Agenturen hervorgeht.

---

[12] Vgl. Lissautzki (2007), S. 39 ff.
[13] Nach Grüning bezeichnet ein Performance-Measurement-System den Gebrauch einer mehrdimensionalen Anzahl von Kennzahlen. Vgl. Grüning (2002), S. 10.

Das vierte Kapitel bildet den Abschluss des Hauptteils in Form einer kritischen Würdigung. An dieser Stelle wird unterschieden in eine kritische Betrachtung des dargestellten Performance-Measurement-Systems, seiner Vor- und Nachteile sowie seiner Grenzen einerseits und in eine Darstellung der Chancen und Risiken für Agenturen andererseits.

Den Schluss der vorliegenden Thesis bildet das fünfte Kapitel, die Schlussbetrachtung, als Fazit der erörterten Thematik und Beantwortung der vorgestellten Fragestellung.

2. Theoretische Grundlagen

Dieses Kapitel widmet sich den theoretischen Grundlagen und grenzt Begrifflich-keiten voneinander ab. Es definiert somit den Bezugsrahmen der Fragestellung und stellt die Besonderheiten der Kreativagenturen dar. Anhand der Controlling-Erfolgskette für Dienstleistungsunternehmen (nach Bruhn), werden die bran-chenspezifischen Werttreiber für Agenturen ermittelt und anhand eines Verglei-ches verschiedener Performance-Measurement-Systeme mithilfe einer geeigne-ten Methode in einen Bezugsrahmen übertragen.

2.1 Dienstleistungscontrolling

Nach Horváth wird mit der Implementierung des Controllings das Ziel angestrebt, die Unternehmensführung bei der Wahrnehmung ihrer Aufgaben zu unterstützen, indem das Controlling das Führungssystem koordiniert und eine ergebniszielori-entierte Planung, Steuerung und Kontrolle der Unternehmensprozesse sicher-stellt.[14] Zu diesem Führungssystem zählen nach Küpper die Bereiche Planungs-system, Kontrollsystem, Informationssystem, Personalführungssystem und die Organisation.[15] Dieser Darstellung folgen Bruhn/Stauss, jedoch vertreten sie die Auffassung, dass sich der Fokus der Planungs-, Kontroll- und Steuerungsaktivitä-ten auf diejenigen Faktoren richten müsse, die die Strukturen des Dienstleis-tungsunternehmens widerspiegeln würden und für den Erfolg wesentlich seien. Dazu zählten neben Entscheidungen über die Art und Qualität der angebotenen Dienstleistungen auch die Prozessorganisation, die Kundenansprache, die Aus-wahl und Motivation des Personals sowie die Fragen der Kosten- und Erlösstruk-turen.[16] Nach Graßhoff et al. lassen sich unter Berücksichtigung der zuvor ge-nannten Faktoren folgende wesentliche Controllingbereiche für Dienstleistungs-unternehmen ableiten:

- Strategisches Controlling
- Ergebniscontrolling
- Personalcontrolling
- Qualitätscontrolling

---

[14] Vgl. Horváth (2003), S. 127 ff.
[15] Vgl. Küpper (2001), S. 15.
[16] Siehe dazu Bruhn/Stauss (2005), S. 139.

- Kundencontrolling und
- Prozesscontrolling.

2.1.1 Definition „Dienstleistungscontrolling"

Unter Dienstleistungscontrolling ist nach Meffert/Bruhn „die Analyse, Planung, Durchführung und Kontrolle der Unterstützung und Koordination kundenbezogener Aktivitäten im Hinblick auf eine wirtschaftliche Ausrichtung des Dienstleistungsmanagements" zu verstehen.[17] Dienstleistungen stellen aufgrund ihrer besonderen Merkmale und je nach deren Ausprägung unterschiedlich hohe Anforderungen an das Controlling. Merkmale, die als konstitutiv für Dienstleistungen gelten,[18] sind beispielsweise:

- Die Existenz eines *Leistungspotenzials*, das über die Fähigkeit und Bereitschaft zur Erbringung einer Leistung verfügt,
- die *Integration externer Faktoren* in den Leistungserstellungsprozess (auch als Integrativität oder Kundenmitwirkung bezeichnet) sowie
- die *Immaterialität* der Leistungsergebnisse.

Schäffer/Weber definieren das Dienstleistungscontrolling als „spezifische Funktion der Sicherstellung eines rationalen Dienstleistungsmanagements", wobei diese Funktion den kennzeichnenden Merkmalen der Integrativität und Immaterialität Rechnung tragen muss.[19]

2.1.2 Stand der Wissenschaft

Die betriebswirtschaftliche Fachliteratur hat sich bis weit in die 80-er Jahre hinein hauptsächlich auf die Industriebetriebslehre beschränkt und erweckt somit den Eindruck, dass Dienstleistungen bis dato keine nennenswerte Rolle spielten.[20] Dies trifft auf verschiedene betriebliche Funktionsbereiche zu, wie z.B. für die Produktion bzw. die Leistungserstellung und das Marketing.[21] „Leistungsfähigeren Ansätzen des Dienstleistungscontrolling kommt in Zukunft entscheidende

---

[17] Vgl. Bruhn/ Meffert (2003), S. 684.
[18] Vgl. Kleinaltenkamp (1997), S. 83-114; und Woratschek (2001), S. 261-278.
[19] Vgl. Schäffer/Weber (02/2002), S. 5-13; und Bruhn/Stauss (2005), S. 36.
[20] Vgl. Bruhn/Stauss (2005), S. 33.
[21] Vgl. Woratschek (2001), S. 261.

Bedeutung zu".[22] „Aktuelle Defizite und zukünftige große Bedeutung des Dienstleistungscontrolling stehen (…) in einem offensichtlichen Missverhältnis zueinander"[23], so die vorherrschende Meinung in der Wissenschaft dieses Fachbereiches. Tiefgreifende Strukturveränderungen der deutschen Volkswirtschaft, wie auch in anderen Industrienationen bringen einen Wandel mit sich, der die Bedeutung des Dienstleistungssektors in den letzten Jahren enorm gesteigert hat.[24] Zum Beispiel erlauben moderne Informationstechnologien die kontinuierliche Messung und Bewertung wichtiger Parameter entlang der Wertschöpfungskette. Dies erlaubt eine Datenbasis, auf der sich Kennzahlensysteme aufsetzen lassen. Somit „ist es heute nicht nur wünschenswert, Dienstleistungsprozesse mit Kennzahlen zu steuern, sondern es ist auch wesentlich leichter möglich als früher."[25] Dennoch „stellt die Quantifizierung von Prozessgrößen bei der Gestaltung und Erstellung von Dienstleistungen (…) vielfach eine Neuerung dar."[26] Gleichzeitig ist dagegen die Forschungstätigkeit des Marketing-Controllings an einem neuen Höhepunkt angelangt.[27] Aktuelle Trends zeigen zum Stand des Marketingcontrolling im Dienstleistungssektor: Dienstleistungscontrolling wird zunehmend als „permanente Sicherstellung von Effektivität und Effizienz des Dienstleistungsmanagements verstanden". Einhergehend ist eine Ausrichtung auf kennzahlengestützte Früherkennung, Orientierung zum kundenwertorientierten und Activity-Based-Costing, sowie ausgewogene, interne und externe Faktoren berücksichtigende Instrumente erkennbar.[28] Zahlreiche wissenschaftliche Veröffentlichungen zum kundenwertorientierten Controlling sowie zur Balanced Scorecard, sind inzwischen im deutschsprachigen Raum verfügbar. Zum Dienstleistungscontrolling selbst sind kaum Fachbücher erschienen.[29] Dagegen gibt es, trotz der oben erläuterten gestiegenen Bedeutung des Dienstleistungscontrollings noch kaum wissenschaftliche Beiträge zum spezifischen Agenturcontrolling – es scheint, als wäre dieser spezielle Bereich der Kreativindustrie noch nicht ausreichend unter-

---

[22] Vgl. Bruhn/Meffert (2003), S. 744.
[23] Vgl. Bruhn/Stauss (2005), S. 33.
[24] Siehe dazu auch http://www.bmwi.de/.
[25] Vgl. Bruhn/Stauss (2005), S. 237.
[26] Vgl. ebenda, S. 236.
[27] Vgl. ebenda, S. 277.
[28] Vgl. Reinecke (2004), S. 48.
[29] Ausgewertet und verwendet wurden daher die Veröffentlichungen von Bruhn/Stauss, Reckenfelderbäumer, Langer et al., Schäffer/Weber sowie die Beiträge anderer Autoren in den genannten Werken.

sucht worden.[30] Und das, trotz eines Gesamtumsatzes der Werbeagenturen von über 10 Milliarden € (2010) allein in Deutschland.[31] Daher sollen im Nachfolgenden Vergleiche aus verwandten Bereichen und Fallstudien herangezogen werden, sowie empirische Untersuchen aus der neuen Forschung.

2.1.3 Besonderheiten des Controlling im Dienstleistungssektor

Die zuvor genannten Leistungseigenschaften des Dienstleistungscontrollings, Integrativität und Immaterialität, sind nicht bei jeder Art von Dienstleistung gleichermaßen ausgeprägt.[32] Daher erfordern unterschiedliche Arten von Leistungen auch ein mehr oder weniger differenziertes Controlling.[33] Die nachfolgende Abbildung zeigt die Problemfelder der Kostenrechnung im Dienstleistungsbereich.

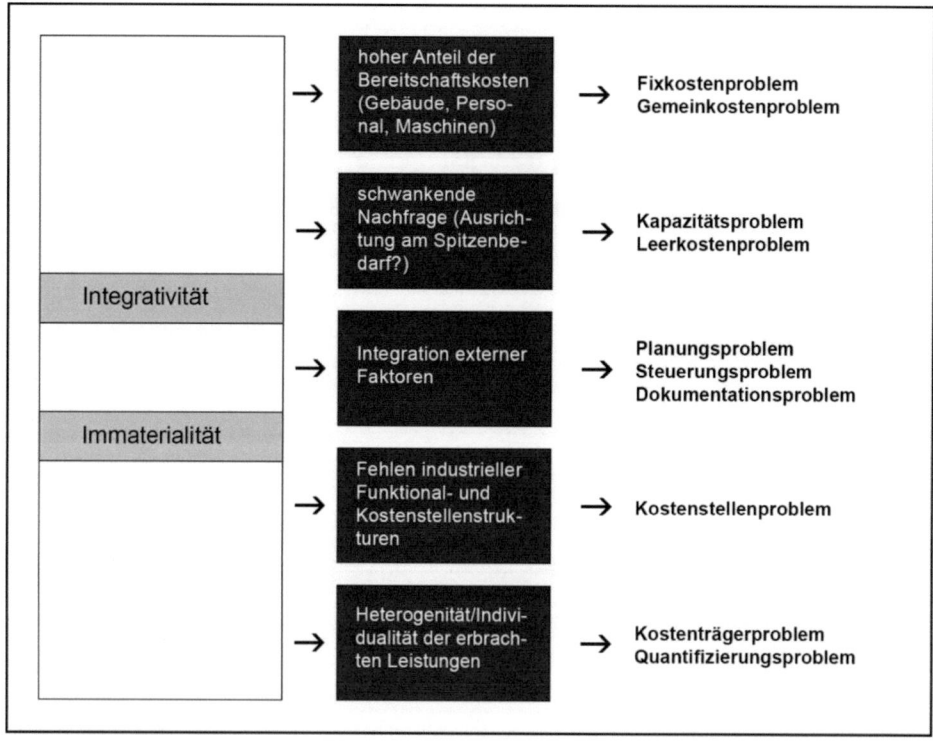

Quelle: In Anlehnung an Reckenfelderbäumer (1998); S. 398.

Abb. 1: Problemfelder der Kostenrechnung im Dienstleistungsbereich

---

[30] Dies ergab die im Rahmen dieser Arbeit durchgeführte Literaturrecherche, wohingegen es einige Veröffentlichungen zum Werbecontrolling, der Zukunft der Agenturen im Allgemeinen und der Entwicklung des kundenwertorientierten Controllings gibt.

[31] Vgl. www.zaw.de.

[32] Vgl. Reckenfelderbäumer (2005), S. 36.

[33] Vgl. ebenda, S. 36 f.

Als zentrales Instrument des Controllings ergeben sich speziell im Dienstleistungsbereich folgende Besonderheiten nach Reckenfelderbäumer: Die Kostenstruktur in Dienstleistungsunternehmen ist geprägt durch einen hohen Anteil an Fixkosten, die insbesondere durch Personal (Gehälter) und andre Bereitschaftskosten entstehen. Da die Fixkosten nicht unbedingt eindeutig auf die Leistungsarten umgelegt werden können, haben sie zudem Gemeinkostencharakter. Da Dienstleistungen nicht lagerfähig sind, entstehen ebenso Probleme durch schwankende Nachfrage, die ein Kapazitätsproblem bei besonders hoher Nachfrage, bzw. ein Leerkostenproblem bei Ausrichtung am Spitzenbedarf verursachen. Die Integration des Kundenfaktors bedingt eine geringere Planbarkeit und Steuerung der Prozesse, da je nach Ausprägung die Form der Beteiligung „Selbstbedienungscharakter" oder auch Störungen der Abläufe durch „Sonderwünsche" haben können. Diese Auswirkungen sind kostenseitig besonders schwer zu erfassen, da sie oftmals nicht dokumentiert werden. Eine typische industrielle Kostenstruktur ist ebenso wenig vorhanden wie eine übliche „Dienstleistungsstruktur", die etwa gleichermaßen für unterschiedliche Dienstleistungsbereiche gelten würde. Demzufolge erfordert das Controlling hier ein hohes Maß an Individualisierung und Flexibilität. Durch die Faktoren der Immaterialität und Integrativität ergeben sich zusätzlich heterogene, individuelle Leistungen, die eine Kostenträgerrechnung u. A. durch Informationsasymmetrie erschweren.

Nach Reckenfelderbäumer führen diese Probleme dazu, dass die herkömmliche Kostenrechnung im Dienstleistungsbereich schnell an ihre Grenzen stößt und Verfahren erforderlich machen, die sich an den jeweiligen spezifischen Ausprägungen der Leistungseigenschaften des Unternehmens orientieren.[34] Bruhn/ Stauss fordern daneben, dass „Ergebnisse möglichst exakt antizipiert werden" müssen, und dass bei der kontinuierlichen Überwachung der Umsetzung Abweichungen der erzielten Ergebnisse von den kalkulierten Planzahlen zu messen sind sowie „Maßnahmen zur Veränderung des operativen Betriebs zu ergreifen bzw. ggf. die Planzahlen zu modifizieren sind."[35] Ähnlich wie Reckenfelderbäumer, schätzen auch Bruhn/Stauss die Besonderheiten von Dienstleistungen hinsichtlich ihrer Steuerungsfunktion als schwieriger ein, als in produzierenden Unternehmen und fordern, dass daher die Controllingaspekte für Dienstleistungsunternehmen einer speziellen Betrachtung bedürfen. Insbesondere sei dies auf die

---

[34] Vgl. Reckenfelderbäumer (2005), S. 38.
[35] Vgl. Bruhn/Stauss (2005), S. 5.

schwer kalkulierbaren externen Faktoren zurückführen, die bei der Leistungserstellung zu integrieren sind:[36]

Durch die mangelnde Lagerfähigkeit wird eine permanente Aufrechterhaltung der
Leistungsfähigkeit notwendig. Bei einer schwankenden Nachfrage sinkt somit die
Effizienz des Personaleinsatzes, da die Auslastung des Personals während der
Dienstleistungserstellung nicht optimal verteilt oder eingeplant werden kann.
Die Integration des externen Faktors (Einbindung des Kunden in den Leistungserstellungsprozess) hat zur Folge, dass durch fehlende Automatisierung eine
hohe Personalintensität gegeben ist. Durch die Antizipation des Kunden spielen
demnach soziale Kompetenzen eine bedeutende Rolle, die ein Personalcontrolling als besonders wichtig erscheinen lassen. Durch die Immaterialität des Leistungsergebnisses ist nur eine geringe Transparenz im Hinblick auf Leistungsver-
gleich und Leistungsbeurteilung möglich. Weiterhin hat Reckenfelderbäumer eine
Unterscheidung für Dienstleistungsunternehmen eingeführt, auf die seither vielfach in ähnlicher Form zurückgegriffen wurde.[37] Sie unterteilt Dienstleistungsunternehmen in Typ A, bei dem der Leistungserstellungsprozess weitgehend be-
herrscht ist und das Management über geringe Wissensdefizite verfügt, und in
Typ B, bei dem das Management durch hohe Wissensdefizite geprägt ist. Bei
Typ B weist die Leistungserstellung erhebliche Freiheitsgrade auf und ist durch
Unsicherheit gekennzeichnet, hierzu zählen nach Reckenfelderbäumer insbesondere kreative und schöpferische Dienstleistungen.[38]

2.1.4 Controlling-Erfolgskette für Dienstleistungsunternehmen

Zur Erfassung der Effizienz von Dienstleistungsunternehmen geht Bruhn davon
aus, das verschiedene vorökonomische Größen ursächlich für den ökonomischen Erfolg sind.[39] Diese Interdependenzen zwischen der internen Servicequalität, wahrgenommener Servicequalität, Mitarbeiter-/Kundenzufriedenheit, und
-Bindung sowie ökonomischem Erfolg, spiegeln das Konzept der Service Profit
Chain[40] wider, das nachfolgend zur Veranschaulichung abgebildet ist. Es zeigt

---

[36] Vgl. ebenda, S. 5 f.
[37] Vgl. ebenda, S. 41; und Schäffer/Weber (02/2002), S. 7.
[38] Vgl. Reckenfelderbäumer (2005), S. 41.
[39] Vgl. Bruhn (2006), S. 737 f .
[40] Das Konzept, das erstmals 1994 Erwähnung fand, ist heute allgemein anerkannt. Vgl. dazu z.B. Bruhn (2001), S. 178 f.

den Einfluss der Arbeitsumgebung auf die Mitarbeitermotivation, die ihrerseits durch Belohnung und Produktivität einen externen Service-Wert für die Kunden generiert, aus dem sich die Kundenzufriedenheit und –Loyalität ergibt. Letztlich spiegelt sich der Erfolg der Wertschöpfungskette in finanziellen Kennzahlen wie dem ROI und der Profitabilität wider.

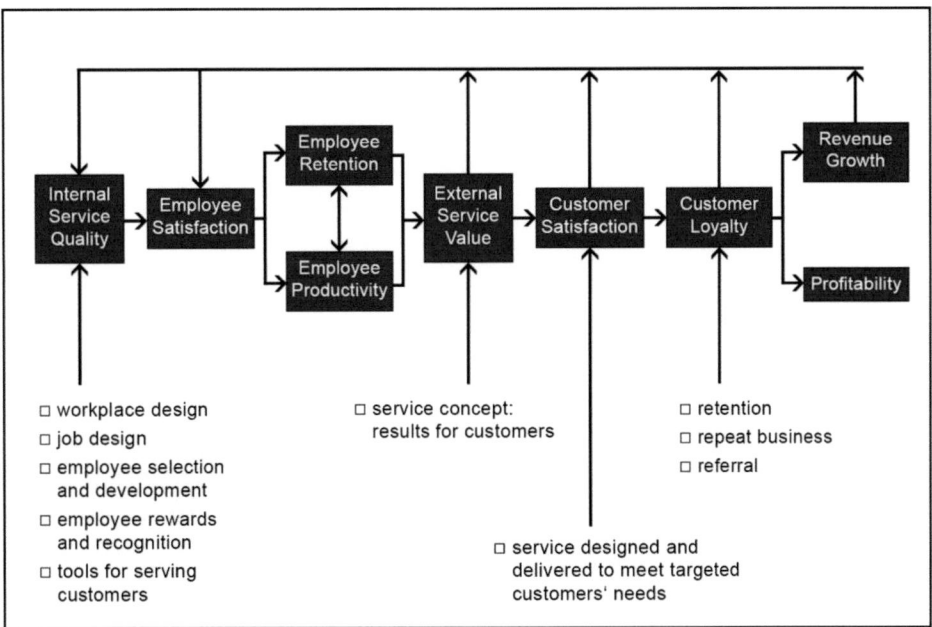

Quelle: Eigene Darstellung in Anlehnung an www.hbr.org.

Abb. 2: Erfolgskette Service-Profit-Chain

Heskett et al. beschrieben den Gedanken der Service Profit Chain 1994 wie folgt: "Top-level executives of outstanding service organizations spend little time setting profit goals or focusing on market share, the management mantra of the 1970s and 1980s. Instead, they understand that in the new economics of service, frontline workers and customers need to be the center of management concern. Successful service managers pay attention to the factors that drive profitability in this new service paradigm: investment in people, technology that supports frontline workers, revamped recruiting and training practices, and compensation linked to performance for employees at every level."[41] Diese Auffassung teilen Bruhn/Stauss und betonen außerdem die Wichtigkeit einer langfristigen Mitarbeiter-Kunden-Beziehung, die gerade für personalintensive Dienstleistungen von

---

[41] www.hbr.org.

großer Bedeutung sei.[42] Folglich ist das Binden der Mitarbeiter an das Unternehmen und deren Zufriedenheit eine entscheidender Faktor, der vom Controlling zu überwachen und steuern ist.

Während Hescket et al. der Auffassung sind, dass zufriedene Kunden und Mitarbeiter generell eine positive Wirkung auf den Unternehmenserfolg haben, führen Reinartz/Kumar jedoch an, dass diese Annahme auf breiter empirischer Basis widerlegt sei.[43] Lissautzki klärt diesen Sachverhalt auf indem er davon ausgeht, dass die gesetzte Annahme von Heskett et al. einer Einschränkung bedarf: „Erst wenn Kundenorientierung primär die Zielsetzung der Maximierung der ökonomischen Kundenwertbeiträge aus Sicht des Unternehmens verfolgt, führt Kundenorientierung auch zur Wertmaximierung des Unternehmens."[44] Diese Betrachtung der Erfolgskette von Reinartz/Kumar/Lissautzki soll maßgeblich in dieser Ausarbeitung gelten.

2.1.5 Differenzierung der Controllingaspekte

Um den Service Profit Chain Gedanken in seiner ursprünglichen Form von Hesckett nach Lissautzki fortzuführen, scheint es sinnvoll, die voran genannten Aspekte der Erfolgskette näher aufzuschlüsseln.

Für die kundenseitige Beurteilung der Leistungsqualität sind insbesondere **interne vorökonomische Indikatoren** entscheidend. Im Vordergrund stehen sämtliche Prozesse, die intern zur Leistungserstellung notwendig sind. Insbesondere sind nach Bruhn/Stauss von Bedeutung[45]: Die *Leistungsfähigkeit* des Unternehmens, *Interaktionskompetenz* der Mitarbeiter (Kundenkontakt) und Indikatoren des Qualitäts- und Beschwerdemanagements. Die Kernkompetenzen des Unternehmens und die Effektivität seiner Prozesse bestimmen die Leistungsfähigkeit. Nach Bruhn/Stauss gilt es hier aus Sicht des Controllings, Standards für das angestrebte Leistungsniveau zu setzen, wobei die hohe Personalintensität von Dienstleistungen das Fachwissen des Personals fokussiert. Aufgrund der Immaterialität von Dienstleistungen und dem daraus resultierenden Una-Acto-Prinzip [d.h der Simultaneität von Leistungserstellung und-konsum] sei den Methoden der Ermittlung der Leistungsfähigkeit besondere Aufmerksamkeit zu widmen.[46]

---

[42] Vgl. Bruhn/Stauss (2005), S. 8.
[43] Vgl. Reinartz (2000), S. 17 ff; und Reinartz (2002), S. 86 ff.
[44] Vgl. Lissautzki (2007), S. 18.
[45] Vgl. Bruhn/Stauss (2005), S. 10 ff.
[46] Vgl. ebenda, S. 11.

Zu den Interaktionskompetenzen zählen nach Bienzeisler/Löffler Empathie, Professionalität, Spontaneität und Authentizität.[47] Ein Modell zur Messung der Mitarbeiterzufriedenheit und Motivation als maßgebliche Faktoren auf diese Interaktionskompetenzen ist das von Schmitz entwickelte „Organizational Citizenship Behaviour Intention" OCBI, das die Bereitschaft zur Orientierung an Kundenwünschen, die Loyalität gegenüber dem Unternehmen und die Kooperationsbereitschaft innerhalb des Unternehmens beschreibt.[48] Bruhn/Stauss merken dazu an: „Je höher der Interaktionsgrad mit einem Mitarbeiter ist, desto höher ist neben der Intensität der Geschäftsbeziehung auch der Grad persönlicher Durchdringung von Mitarbeiter und Kunde. Die Kenntnisse des Kundenkontaktpersonals [...] sind daher zum einen ein Kundenbindungsfaktor, zum anderen ein Wissensfaktor, der für das Unternehmen „Wiederbeschaffungskosten" verursacht, wenn der Mitarbeiter das Unternehmen verlässt."[49] Das Controlling des Qualitätsmanagements kontrolliert die fachliche Kompetenz des Personals und der Qualität sowie den Umgang mit Beschwerden, beispielsweise mittels Fishbone-Analyse, Fehlermöglichkeits- und Einfluss-Analyse (FMEA) oder Benchmarking, wobei je nach Branche unterschiedliche Anforderungen zu ermitteln sind.[50]

Die **internen ökonomischen Indikatoren** bilden die Effizienz der eingesetzten Mittel ab und lassen sich demnach unterteilen in *Kostenstruktur*, *Ertragsstruktur* und *Produktivität*. Durch die bereits dargestellten Besonderheiten der Kostenstruktur und dem schwer evaluierbaren Wertschöpfungsanteil einzelner Prozesse,[51] kann mithilfe der Prozesskostenrechnung bzw. das Activity-Based-Costing Kostentreiber ermittelt und Deckungsbeitragsrechnungen pro Kunden durchgeführt werden.[52] Sinnvoll erscheint für das Dienstleistungscontrolling nach Bruhn die Ermittlung von Nutzenwerten aus Kundensicht sowie der Preisbereitschaft für einzelne Bereiche (target costing). Das Ertragscontrolling dagegen betrachtet Deckungsbeiträge von Einzel- und Leistungsgruppen. Die Beurteilung gestaltet sich durch die Zurechenbarkeit von Wertschöpfungsanteilen als schwierig.[53] Die Produktivität misst das Verhältnis von Output zum Input der Leistung, benötigt

---

[47] Vgl. Bienzeisler/Löffler (2005), S. 211 ff.

[48] Vgl. Schmitz (2005), S. 157 ff.

[49] Vgl. Bruhn/Stauss (2005), S. 13.

[50] Vgl. Fließ et al. (2005), S. 71 ff; und Benkenstein/Stenglin (2005), S. 55 ff.

[51] Vgl. Bruhn/Stauss (2005), S. 14.

[52] Die Instrumente des Dienstleistungscontrollings werden auf den folgenden Seiten anhand des Beispiels der Werbeagenturen spezifisch betrachtet und dienen hier nur des besseren Verständnisses des Zusammenhangs.

[53] Vgl. Bruhn/Stauss (2005), S. 15.

jedoch durch die Integration des externen Faktors, weitere Kennzahlen, da stärkere Schwankungen beim Leistungserstellungsprozess von Dienstleistungen im Gegensatz zu einer konstanten Produktionsanlage im Sachgüterbereich zu erwarten ist[54].

Die **externen vorökonomischen** Indikatoren des Controllings können in drei Phasen eingeteilt werden: Potenzial-, Prozess- und Ergebnisdimension. Die Potenzialdimension trägt entscheidend zur Kaufentscheidung bei, indem sich der Kunde vorab ein Bild von dem Potenzial zur erwartenden Leistung des Unternehmens macht. Folglich ist eine Aufgabe des Potenzialcontrollings der Vergleich der Abweichungen des *Leistungspotenzials* mit der vom Kunden antizipierten *Leistungsqualität*, bzw. der Ermittlung der Faktoren, die ursächlich sind für die Wahrnehmung der bewerteten Leistung durch den Kunden. In der Prozessdimension ist die Interaktionskompetenz der Mitarbeiter entscheidend, da sie einen hohen Anteil an der Beurteilung der wahrgenommen Leistung des Kunden hat. Die Indikatoren der Ergebnisdimension lassen sich qualitativ und quantitativ messen. Mögliche Instrumente sind hier Soll-Ist Abweichungsanalysen (z.B. in qualitativer Form durch Blueprints) oder des Customer Perceived Value (CPV), der Teilnutzenwerte für den Kunden erfasst. Ein zentraler Indikator des **externen ökonomischen Faktors** ist der *Kundenwert*[55], der sich zum gegenwärtigen (z.B. ABC-Analyse) bzw. zukünftigen Zeitpunkt (Customer Lifetime Value CLV) für das Unternehmen ergibt.

Die nachfolgende Abbildung nach Bruhn zeigt die Controlling-Erfolgskette durch Aufteilung in die internen, externen, ökonomischen sowie vorökonomischen Indikatoren. Hierdurch werden die aufgezählten Interdependenzen zwischen den unternehmens- bzw. mitarbeiterbezogenen und den kundenbezogenen Determinanten deutlich.

---

[54] Vgl. ebenda, S. 17.
[55] Vgl. Bruhn/Stauss (2005), S. 20.

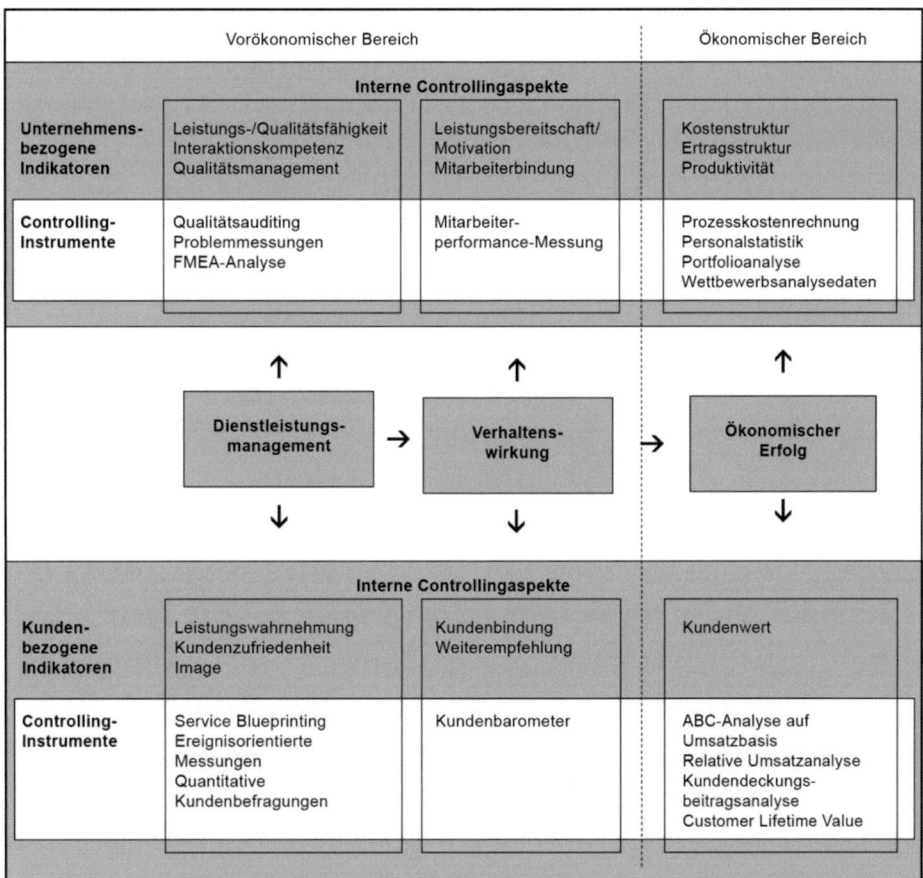

	Vorökonomischer Bereich		Ökonomischer Bereich
Interne Controllingaspekte			
Unternehmens-bezogene Indikatoren	Leistungs-/Qualitätsfähigkeit Interaktionskompetenz Qualitätsmanagement	Leistungsbereitschaft/ Motivation Mitarbeiterbindung	Kostenstruktur Ertragsstruktur Produktivität
Controlling-Instrumente	Qualitätsauditing Problemmessungen FMEA-Analyse	Mitarbeiter-performance-Messung	Prozesskostenrechnung Personalstatistik Portfolioanalyse Wettbewerbsanalysedaten

↑ ↑ ↑

Dienstleistungs-management → Verhaltens-wirkung → Ökonomischer Erfolg

↓ ↓ ↓

	Interne Controllingaspekte		
Kunden-bezogene Indikatoren	Leistungswahrnehmung Kundenzufriedenheit Image	Kundenbindung Weiterempfehlung	Kundenwert
Controlling-Instrumente	Service Blueprinting Ereignisorientierte Messungen Quantitative Kundenbefragungen	Kundenbarometer	ABC-Analyse auf Umsatzbasis Relative Umsatzanalyse Kundendeckungs-beitragsanalyse Customer Lifetime Value

Quelle: Eigene Darstellung in Anlehnung an Bruhn (2006), S. 738.

Abb. 3: Controlling-Erfolgskette für Dienstleistungsunternehmen

Um die Erfolgskette nach Bruhn durch das Prinzip Messen → Verändern → Messen usw. kontinuierlich zu beobachten, stehen diverse Controlling-Instrumente bereit, die beispielhaft ebenfalls in der Abbildung aufgeführt werden.

2.2 Kreativagenturen

Weltweit teilen sich vier Werbe-Holdings mit ihren Tochterunternehmen den nennenswerten Anteil für internationale Werbe- und Kommunikationsdienstleistungen auf: WPP (mit Sitz in Großbritannien), Omnicom (USA), Interpublic (USA) und Publicis (Frankreich).[56] Vorwiegend im nationalen Bereich tätige inhabergeführte Agenturen dagegen sind kaum zahlenmäßig zu erfassen, aufgrund des Umsatzes und der kreativen Exzellenz sind für den deutschen Markt insbesondere Ser-

---

[56] Vgl. http://www.wuv.de/.

viceplan, Jung von Matt, Zum Goldenen Hirschen, Kolle Rebbe und Grabarz und Partner zu nennen[57]. Nachfolgende Betrachtung bezieht sich vorwiegend auf den deutschen Markt.

2.2.1 Definition und Abgrenzung

Da der Begriff „Werbeagentur" rechtlich nicht geschützt ist, ist bislang keine allgemein gültige Definition vorhanden. Mit dem Wandel der Medienwelt und der technologischen Entwicklung haben sich zudem unzählige Spezialisierungen entwickelt, die hier im Rahmen der o.g. Fragestellung nicht alle im Einzelnen erörtert werden können. Zu einem grundlegenden Verständnis der Tätigkeit einer Kreativagentur scheint es allerdings angemessen, kurz auf die übergeordnete Form der „Werbeagentur" einzugehen, um eine sinnvolle Abgrenzung für den thematischen Bezug der vorliegenden Ausführungen zu schaffen. Als Dienstleistungsunternehmen übernimmt die klassische Agentur für ihren Auftraggeber die Beratung, Konzeption, Planung, Gestaltung und Realisierung von Werbe- und Kommunikationsmaßnahmen. Sie sind demnach die Hauptakteure der deutschen Werbebranche.[58] Unter Kreativität versteht der Gesamtverband Kommunikationsagenturen (GWA) „die Fähigkeit, ungewöhnliche Einfälle zu entwickeln, neue Ideen zu produzieren und von herkömmlichen Denkweisen und Denkschemata abzuweichen, Originalität bei der Sichtung und Nutzung von Zusammenhängen zu zeigen. Kreativität ist die Fähigkeit des Menschen, Denkergebnisse beliebiger Art hervorzubringen, die im Wesentlichen neu sind und demjenigen, der sie hervorgebracht hat, vorher unbekannt waren. Es kann sich dabei um Imagination oder um eine Gedankensynthese, die mehr als eine bloße Zusammenfassung ist, handeln. Kreativität kann die Bildung neuer Systeme und neuer Kombinationen aus unbekannten Informationen involvieren sowie die Übertragung bekannter Beziehungen auf neue Situationen und die Bildung neuer Korrelate. Eine Kreativität muss absichtlich und zielgerichtet sein, nicht nutzlos und phantastisch."[59] Einer Studie des Art Directors Club Germany (ADC) und McKinsey zufolge sind fünf Kriterien für Kreativität und damit gute Kommunikation besonders wichtig: Originalität, Überzeugungskraft, inhaltliche Stimmigkeit, Konsistenz und Glaub-

---

[57] Vgl. W&V Ranking *inhabergeführte Werbeagenturen 2010*. Die Zahl der national tätigen Werbeagenturen kann aufgrund von fehlenden Daten nicht dargestellt werden, da es viele Kleinunternehmer, Freelancer und spezialisierte Dienstleister gibt, die unter dem Begriff „Werbeagentur" angesiedelt sind.
[58] Vgl. Botzenhardt (2012), S. 20.
[59] Vgl. http://www.gwa.de/.

würdigkeit.[60] Mit diesen Kriterien könne gute Werbung die Konsumenten überzeugen – auch hier bestätigt sich die Annahme: Kreative Werbung ist auch in ihrer Wirkung effektiv![61] Da Kreativität ein wichtiges Kriterium für Kommunikationsmaßnahmen ist, sind zahlreiche Agenturen bemüht, in den diversen Rankings für Kreativagenturen einen besonders guten Platz zu bekommen, bzw. ihre Arbeiten einzusenden um begehrte Trophäen wie einen ADC Nagel oder einen Cannes Löwen zu ergattern. Diese Arbeiten sind oftmals besonders effektiv, wie beispielsweise die Gewinner des Preises für effiziente Kommunikation (Effie), unterliegen aber natürlich auch dem subjektiven Geschmack der bewertenden Jury. So sind die Auszeichnungen der Kreativagenturen insbesondere als wichtiges Kriterium der Eigenwerbung, vorwiegend für Mitarbeiterakquise, aber auch für Neukundengeschäft relevant. Zu den Top 10 Kreativagenturen laut W&V Ranking in Deutschland gehören Jung von Matt, Serviceplan, KemperTrautmann, Ogilvy, Scholz & Friends, Grabarz & Partner, Heimat, BBDO, Kolle Rebbe und DDB Germany.[62] Daneben ist die Anzahl der Wettbewerber auf den weiteren Plätzen sehr überschaubar, da die Punkteabstände zu den Spitzenplatzierten deutlich größer sind. Generell lässt sich festhalten, dass es in den letzten Jahren kaum Bewegung an den Spitzenplätzen gab. Jedoch sind zahlreiche weitere Anbieter auf kreative Kommunikationsdienstleistungen spezialisiert, die aus unterschiedlichen Gründen, nicht zuletzt aus dem zeitlichen und finanziellen Aufwand für Award-Management, das letztlich indirekt an Kunden weiterberechnet wird, nicht an Einreichungen und Rankings interessiert sind. Die Bezeichnung „Kreativagentur" können daher viele weitere Agenturen in Deutschland tragen. Nachfolgend ist von ihnen sowohl als „Kreativagentur", „Werbeagentur" oder schlicht „Agentur" die Rede, gemeint sind damit im engeren Sinne die genannten „Top 10" und im weiteren Sinne eine Vielzahl anderer Kreativagenturen, die einen ähnlich hohen Anspruch an ihre Arbeit haben und die aus Gründen der Vergleichbarkeit eine ähnliche Größe & Struktur aufweisen.[63] Anhand dieser Definition wird ersichtlich, dass Agenturen nach der Unterscheidung von Reckenfelderbäumer[64] zu Typ B gehören müssen.

---

[60] Vgl. http://www.mckinsey.de.

[61] Vgl. Görtz (2012) S. 6 f.

[62] Vgl. W&V *Kreativranking 2011* auf http://www.wuv.de. Die Reihenfolge der Nennung entspricht der Platzierung im Ranking.

[63] Nachfolgend werden insbesondere die Agenturen wie definiert „i.e.S." behandelt, bis auf das Award-Management (Abschnitt 3.6.5) kann hier aber aus Controlling-Perspektive kaum eine Unterscheidung nötig sein.

[64] Vgl. Kapitel 2.

2.2.2 Organisationsstruktur

Vier der o.g. Agenturen gehören einem internationalen Netzwerk an,[65] die dadurch gekennzeichnet sind, dass sie verschiedene oft konkurrierende Agenturen innerhalb der Holding nach außen hin unabhängig voneinander agieren lassen und lediglich finanzielle Interessen geltend machen. Die anderen sechs gehören zu den inhabergeführten (und überwiegend national tätigen) Agenturen, die allein die Interessen ihrer Eigentümer bzw. Geschäftsführer vertreten und nicht die der Shareholder[66].

In Form ihrer Aufbauorganisation sind die Agenturen i.d.R. sehr ähnlich aufgestellt, Abweichungen liegen in Service-Abteilungen, die in der Tendenz in den letzten Jahren eher durch Outsourcing verlagert wurden, aber in großen Agentur-Standorten oft nach wie vor fest integriert sind. Kernbestandteil der Agentur ist in jedem Falle eine Gruppe von Kreativ-Teams (meist bestehend aus Art Director/ Texter), die einem oder mehreren Kreativdirektoren (CDs) untergeordnet sind. Daneben gibt es einen Client Service Director und in verschiedenen hierarchischen Abstufungen Account Directoren und Account Manager sowie eine oder mehrere Teams des Strategischen Plannings (Konzeption). Reinzeichnung, Produktion, Lektorat, Post-Produktion und Art Buying, gehören entweder direkt zur Agentur oder ihre Leistung wird über Lieferanten/freie Mitarbeiter beauftragt. Multimedia-Traffic sowie Teamassistenzen sind oft in großen Agenturen vorhanden, können dann aber kaum direkten Projekten oder Teams zugeordnet werden, da sie oft indirekt an der Leistungserstellung mitwirken. Ein weiterer Zweig ist die Verwaltung und das Finance-Department.

---

[65] Darunter Ogilvy, Scholz & Friends (beide Agenturen gehören zu WPP), BBDO und DDB (beide Agenturen gehören zu Omnicom).

[66] Network-Agenturen wie Omnicom sind oft börsennotierte internationale Konzerne, zersplittert in eine Vielzahl relativ unabhängig lokal/national agierende Unternehmen, die eine Größe von wenigen hundert Mitarbeitern aufweisen und somit und vom Umsatz des jeweiligen Standortes betrachtet, durchaus von ihrer internen Struktur mit inhabergeführten Agenturen vergleichbar sind.

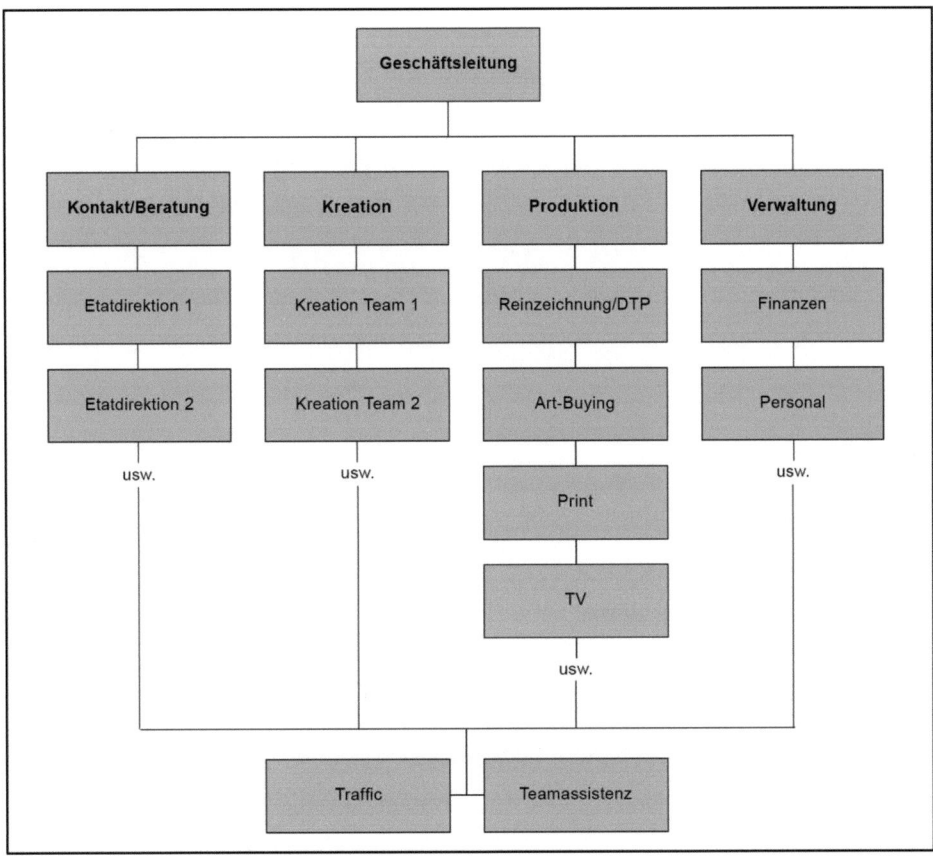

Quelle: Eigene Darstellung.

Abb. 4: Exemplarische Organisationsstruktur von Kreativagenturen

Die Abbildung zeigt exemplarisch die Organisationsstruktur von Kreativagenturen. Neben der Linienorganisation sind weitere Organisationsformen möglich, wie z.B. die Stablinienorganisationen, die aufgrund ihres Charakters in der Praxis häufig Zielkonflikte verursachen.

2.2.3 Erfolgskritische Kennzahlen/ KPIs der Kreativagenturen

In Bezug auf die eingangs erläuterte Thematik und die definierte Problemstellung, werden in diesem Abschnitt nur interne Indikatoren des Controllings in Form von KPIs berücksichtigt. Anforderungen von externen Indikatoren und deren Analysen (wie z.B. SWOT-Analysen, Konkurrenz- und Marktanalysen) sind jedoch unbedingte Voraussetzung für die Ableitung einer Unternehmensstrategie[67] und sollen aus Gründen der Vollständigkeit an dieser Stelle genannt sein.

Anhand des Service-Profit-Chain-Modells sollen die Besonderheiten des Dienstleistungscontrollings nachfolgend anhand der Kreativagenturen untersucht werden. Ziel dieser Vorgehensweise ist es zunächst, die Eignung der Service-Profit-Chain für Agenturen zu überprüfen, indem erfolgskritische Kennzahlen der Kreativagenturen anhand von Umfragen, wie dem GWA-Monitor[68] und empirischen Untersuchungen auf das Konzept übertragen und diskutiert werden. Anhand dieser KPIs soll ein sinnvolles Performance-Measurement-System gefunden werden, das insbesondere dem Anspruch des Controllings in Bezug auf die Steuerung von immateriellen Vermögenswerten nachkommt.

1. Interne Servicequalität

Eine Umfrage unter Agenturinhabern ergab, dass für Agenturen hinsichtlich der Servicequalität insbesondere die folgenden Kennzahlen relevant sind: Die *Leistungsfähigkeit*, die *Optimierung von unternehmensinternen Austauschbeziehungen*, das Unternehmensklima sowie die permanente Ausrichtung auf die Förderung der Zufriedenheit von Kunden und Mitarbeitern als Zielsetzung.[69] Rohbock betont als Herausforderung der Agenturen insbesondere, bedingt durch gestiegenen Kostendruck, den Bedarf zur *Optimierung der Effizienz* und *Vermeidung organisationsbedingter Zielkonflikte*. Jedoch existieren zwischen Kunde, Kreation und Beratung zum Teil sehr unterschiedliche und auch entgegengesetzte Interessen. Während für den Kunden effiziente und effektive Kommunikationsmaßnahmen zählen, wollen Kreative insbesondere Ideen durchsetzen, die die Chance auf eine Auszeichnung bei den Kreativrankings haben, um ihren eigenen Marktwert und Reputation zu steigern. Für die Beratung zählen zufriedene Kunden und für das Management der Agentur rentable Projekte.[70] Diese Zielkonflikte werden durch die Auswahl eines geeigneten Performance-Measurement-Systems sichtbar und können somit zu rationalen

---

[67] Vgl. Weiser (2006), S. 28; und Mauser (2005), S. 11.

[68] Agentur-Chefs schätzen die Entwicklung der Branche ein. GWA Monitore werden jährlich im Frühjahr und Herbst erhoben. GWA Agenturen repräsentieren rund 82 Prozent des Umsatzvolumens der Top 200 Agenturen; damit hat der GWA Branchenrelevanz. Siehe auch http://www.gwa.de/.

[69] Vgl. Rohbock (2006), S. 101.

[70] Vgl. ebenda (2006), S. 54 f.

Entscheidungen und Priorisierung helfen – eine Lösung des Zielkonflikts scheint nach Auffassung der Autorin nicht möglich. Das Erkennen von Zielkonflikten ist für Agenturen jedoch von besonderer Bedeutung, da dies Bestandteil der Mitarbeiterzufriedenheit sein kann, die letztlich Auswirkungen auf die *Qualität* aller Services, *intern* zwischen Abteilungen, wie *extern,* zwischen Beratung und Kunden, haben können. Dabei spielt auch die *Qualifizierung der Mitarbeiter*[71] (3 von 4 befragten Agenturen wollen sich stärker als Consulting-Dienstleister positionieren[72]), eine bedeutende Rolle.

2. Mitarbeiterzufriedenheit

Die Konstanz der Mitarbeiter ist für Neukunden ein wichtiges Kriterium[73]. Jedoch ist die *Fluktuation* bei Agenturmitarbeitern generell eher problematisch[74], daher ist diese eine wichtige Kennzahl und gibt (indirekt) ebenso wie Befragungen (direkt) Aufschluss über die *Zufriedenheit der Mitarbeiter*. Um die Mitarbeiter langfristig an das Unternehmen zu binden sind weitere Faktoren zur Steuerung der Mitarbeiterzufriedenheit entscheidend, wie z.B. die Einbindung der Mitarbeiter in Entscheidungsprozesse des Unternehmens[75], um eine positive Einstellung und Loyalität zu fördern und ein angenehmes Betriebsklima zu erhalten. Diese Maßnahmen dienen der Steigerung der *Mitarbeiterproduktivität* bzw. *–performance*. Da es kein Überangebot hochqualifizierter Arbeitskräfte gibt, muss abteilungsübergreifender Erfahrungs- und Kompetenzaustausch gefördert werden,[76] insbesondere im von Informationsasynchronität geprägten Agenturbereich.

3. Wahrnehmung der Leistung durch den Kunden

Eine Umfrage unter Auftraggebern von mittelgroßen Agenturen ergab, dass insbesondere die *Zuverlässigkeit*, *Kommunikation*, *Leistungskompetenz* und *Einfühlungsvermögen* Auswahlkriterien für die Neugeschäftsver-

---

[71] Vgl. ebenda (2006), S. 10.
[72] Vgl. GWA (2003), S. 1 ff.
[73] Vgl. Rohbock (2006), S. 62.
[74] Vgl. Camponovo (2011), S. 22.
[75] Vgl. Rohbock (2006), S. 106.
[76] Vgl. ebenda (2006), S. 109.

gabe sind.[77] An diesen Kriterien wird die Agenturleistung überprüft und entscheidet maßgeblich über die Zufriedenheit der Kunden. Durch eine Befragung können individuelle Leistungsmerkmale ermittelt werden, die erfolgskritisch für die Agentur sind und somit regelmäßig auf Abweichungen überprüft werden müssen, um Frühindikatoren der Kundenbindung zu etablieren. Die Ergebnisse dieser Branchenbezogenen-Studie decken sich teilweise mit der allgemeinen Auffassung der Wahrnehmung der Leistungsqualität in der Literatur. Nach Bruhn lässt sich diese in fünf Qualitätsdimensionen erfassen: *Annehmlichkeit des tangiblen Umfelds, Zuverlässigkeit, Reaktionsfähigkeit, Leistungskompetenz und Einfühlungsvermögen.* [78] Damit zeigt sich eine besondere Bedeutung sozialer Kompetenzen der Mitarbeiter im Hinblick auf die Wahrnehmung der Leistung seitens des Kunden. Hieraus ergibt sich die Notwendigkeit, den Kennzahlen der Mitarbeiter hohe Beachtung zukommen zu lassen.

4. Kundenzufriedenheit

Die Kundenzufriedenheit beeinflusst die Qualität der Dienstleistung, da der Kunde selbst in den Leistungserstellungsprozess in Form von Briefings, Feedback- und Entscheidungsgesprächen aktiv mit einbezogen ist. Ebenso wirkt sich die Zufriedenheit auch auf die Kunde-Agentur-Beziehung aus, da das Feedback zum kreativen Leistungsoutput durch ein hohes Maß an Subjektivität gekennzeichnet ist – das Sender-Empfänger-Modell der menschlichen Kommunikation bedingt, dass der Empfänger der Botschaft „Schlechte Idee", diese Kritik unterbewusst als persönlichen Angriff wahrnehmen könnte, und in der Folge eine Abwehrhaltung gegenüber anderen Vorschlägen eintreten könnte, die einer zielführenden Arbeitshaltung im Weg stünde und somit die Qualität der Leistung selbst beeinflussen könnte. Diese Unvorhersehbarkeit durch den hohen Interaktionsgrad, verhaltenspsychologischer Erklärungen und dem hohen Maß an Individualität und Subjektivität des Outputs steht die Bedeutung der Kennzahl Zufriedenheit gegenüber. Um Aufklärung über die Ursachen deren Entwicklung und Abweichungen zu erhalten, müssen weitere Kennzahlen, wie die Beziehungsqualität[79] (zur Bewertung der so-

---

[77] Vgl. Camponovo (2011), S. 56.
[78] Vgl. Rohbock (2006), S. 112.
[79] Vgl. Rohbock (2006), S. 76.

zialen Kompetenzen der Mitarbeiter, müssen die Ansprüche wie z.B. Empathie, Flexibilität und Zuverlässigkeit gerecht werden müssen) sowie des Projektergebnisses, also des Leistungsoutputs anhand der im Briefing formulierten Ziele, bewertet werden.

Laut einer Studie (2011) weichte die Leistungserwartung der befragten Kunden am meisten von der erwarteten Leistung bei den Merkmalen *Termintreue*, *Kostenbewusstsein*, *Kreativität* und *persönliche Betreuung* ab.[80]

5. Kundenbindung

Da die Anfangsinvestitionen zur Anbahnung einer Geschäftsbeziehung sehr hoch sind[81], rechnet sich die Kundenbeziehung für die Agentur oft erst nach mehreren Jahren[82]. Kaplan/Norton geben die Bedeutung des Managements der Kundenbeziehung wie folgt wieder: „Today, managing the customer relationship has become the single most important dimension of enterprise strategy".[83] Dass die Kundenbindung allein jedoch kein Erfolgsgarant für eine gesunde Wachstumsentwicklung ist, wurde durch Reinartz/Kumar empirisch nachgewiesen.[84] Daher werden weitere erfolgskritische Kennzahlen, wie der Kundenwert, benötigt, um unterschiedliche Kundenpotenziale abzubilden. Der Kundenwert gibt Aufschluss, wo es sich lohnt, weiter in die „Bindung" zu investieren. Er berücksichtigt neben den Umsatzwerten auch die Loyalität, den Entwicklungswert, Cross-Selling-Wert und die Bestandswahrscheinlichkeit.

6. Profitabilität/Umsatzwachstum

Die ökonomischen Erfolgsgrößen sind zur Bewertung einer Agentur allein nicht ausreichend, da sie keinen Aufschluss über die Ursachen der finanziellen Entwicklung geben und vergangenheitsorientiert sind.[85] Dennoch ist das oberste Ziel der Unternehmensführung die Rentabilität des Eigenkapitals und demzufolge Kennzahlen zum Wachstum, Rentabilitäten und

---

[80] Vgl. ebenda (2006), S. 62.
[81] oft ist die Neugeschäftsanbahnung verbunden mit einer Pitch-Teilnahme, bei der die Agentur sich einem Bewerbungsverfahren um einen potenziellen Neukunden stellt.
[82] Vgl. Camponovo (2011), S. 18 f; und Reichheld (1997), S. 11 ff.
[83] Vgl. Kaplan/Norton (2004), S. 134.
[84] Vgl. Reinartz/Kumar (2002), S. 91.
[85] Vgl. Reinecke/Geis (2005), S. 283 f.

Risikominimierung relevant.[86] Die Operationalisierung ist mit Hilfe klassischer finanzwirtschaftlicher Kennzahlen möglich, wobei in der Literatur insbesondere die Bedeutung des *Deckungsbeitrags*, des *Cashflows* und der *Kundenwertorientierung* hervorgehoben wird.[87] Nach Reinecke/Geis kommt die größte Bedeutung dem Cashflow zu, da er alle Zielkategorien integriert: Fokussierung auf den diskontierten Gewinn unter Berücksichtigung des Wachstums als Werttreiber und des Risikos in Form des gewählten Zinssatzes.

Anhand der Studien und GWA-Umfragen zeigte sich eine große Übereinstimmung der erfolgskritischen Indikatoren mit dem Konzept der Service-Profit-Chain. Jedoch scheint die Bedeutung der Mitarbeiter über die reine Mitarbeiterzufriedenheit hinaus zu gehen, da bereits die *interne Servicequalität* (Punkt 1) entscheidend von den Kompetenzen und der Motivation der Mitarbeiter abhängig zu sein scheint (s.o.). Daher sollte anhand eines agenturspezifischen PMS die Mitarbeiterperformance diffiziler betrachtet werden können, da die dargestellten Zielkonflikte eine Gefahr für den KPI *interne Servicequalität* darstellen. Die Bedeutung der *Mitarbeiterzufriedenheit* (Punkt 2) ging aus den untersuchten Studien ebenfalls deutlich hervor. Die nähere Betrachtung zeigte, dass hier sowohl direkte, als auch indirekte Indikatoren vorhanden sind. Aufgrund der Validität sind direkte Indikatoren vorzuziehen. Sie sollten möglichst Frühindikatoren darstellen, um rechtzeitig Aufschluss zu geben. Hinsichtlich der *Wahrnehmung der Dienstleistung* (Punkt 3) durch den Kunden ergeben sich in der Untersuchung ähnliche Merkmale wie in der Literatur; soziale Kompetenzen sind ein wesentlicher Erfolgsfaktor, die im Ergebnis – der Leistungsbewertung durch den Kunden – durch das PMS abzubilden sind. Die *Kundenzufriedenheit* (Punkt 4) ist für die Performance-Bewertung von Agenturen insofern erfolgskritisch, als das hier zum einen subjektive Qualitätsurteile zu bewerten sind, die zum anderen stark von der Beziehungsqualität und der Einbringung des Kunden abhängig sind. Beide Aspekte sollen daher im Folgenden weiter untersucht werden. Dass die langfristige *Kundenbindung* (Punkt 5) ein wichtiger Aspekt des Agenturmanagements darstellt, wurde bereits nachgewiesen (s.o.). Um dies zu differenzieren, sollen im Folgenden auch die finanzielle Sicht auf den Kundenwert und die strategische Sicht anhand der Bedeutung der Kunden fortgeführt werden. Die klassischen Finanz-

---

[86] Vgl. ebenda.
[87] Vgl. ebenda.

kennzahlen, die für die Shareholder von Agenturen relevant sind, sollen im PMS alle relevanten Informationen enthalten, um schnell einen Überblick zu verschaffen, jedoch nur das Nötigste um einen „Information Overload" zu verhindern.[88] Im Folgenden wird ein geeignetes PMS ermittelt, das die erläuterten agenturspezifischen Merkmale bestmöglich abbildet.

2.2.4 Vergleich verschiedener Performance-Measurement-Systeme

Nach Meffert/Bruhn gibt es verschiedene Controllingsysteme im Dienstleistungsmarketing, die ökonomische und vorökonomische Indikatoren berücksichtigen.[89] Sie nennen hierfür insbesondere die Balanced Scorecard und das EFQM-Modell. Schreyer nennt im Rahmen des kundenwertorientierten Controllings die Balanced Scorecard, Determinanten-Ergebnis-Matrix, Performance-Pyramid und das EFQM-Modell.[90] Biermann benennt die Balanced Scorecard und das EFQM-Modell als die bedeutendsten Kennzahlensysteme.[91] Die Modelle sollen im Folgenden kurz dargestellt werden, um einen Überblick und Vergleich zu ermöglichen.

---

[88] Vgl. Weber et al. (2008), S. 50 f.
[89] Vgl. Bruhn/Meffert (2008), S. 410.
[90] Vgl. Schreyer (2007), S. 42 ff.
[91] Vgl. Biermann (2005), S. 236.

Modell	Erläuterung
BSC	▪ Ursache-Wirkungszusammenhang von Früh- und Spätindikatoren anhand der 4 Perspektiven: Finanziell, Kunden, interne Prozesse, Lern-& Entwicklungsperspektive ▪ Ausgewogene Darstellung ökonomischer und vorökonomischer Größen möglich
EFQM	▪ Ganzheitliche Sicht auf 3 Säulen der Organisation: Menschen, Prozesse, Ergebnisse ▪ Ziel ist der Aufbau und die kontinuierliche Weiterentwicklung eines umfassenden Managementsystems ▪ Erkenntnis über Stärken, Schwächen und Ergebnispotenzial ▪ Das erweiterte System unterteilt in 5 Befähiger- und 4 Ergebniskriterien in 32 Einzelkriterien, die eine festgelegte Gewichtung zugrunde legen
Performance-Pyramide	▪ Hierarchische Struktur: Corporate Level gibt Ziele vor, zweite Ebene definiert Kennzahlen zum Markt und zu Finanzen, dritte Ebene zeigt Kundenzufriedenheit, Flexibilität und Produktivität, vierte Ebene misst Qualitäts-, Auslieferungs-, Bearbeitungszeit- und Kostenperformance
Determinanten-Ergebnis-Matrix	▪ Kombiniert monetäre und nicht-monetäre Kennzahlen ▪ Unterscheidet zwischen Ergebnissen (Spätindikatoren) und Ergebnisdeterminanten (Frühindikatoren) ▪ Bezieht unternehmensexterne Faktoren mit ein

Quelle: Eigene Darstellung.

Tab. 1: Performance-Measurement-Systeme im Vergleich

Aus der tabellarischen Darstellung der Performance-Measurement-Systeme lässt sich ableiten, dass alle monetären und nicht monetären Kennzahlen sowie Früh- und Spätindikatoren abgebildet werden. Jedoch unterscheiden sie sich hinsichtlich der Darstellung und Verknüpfung und dem Einbezug von internen und externen Indikatoren. Das EFQM-Modell, die Performance-Pyramide und die Determinanten-Ergebnis-Matrix beziehen sich sowohl auf unternehmensinterne als auch externe Faktoren, die hier nicht Gegenstand der Untersuchung sind. Der Determinanten-Ergebnis-Matrix und der Performance-Pyramide fehlt der Bezug zur

Mitarbeiterperspektive – zwar lässt sich diese Kritik auch auf die Balanced Scorecard übertragen, jedoch können die Mitarbeiter als „Fundament" sowohl in der Lern- & Entwicklungsperspektive, als auch in der internen Perspektive berücksichtigt werden. Zudem bietet die BSC den Vorteil, eine sehr übersichtliche, leicht verständliche Ableitung der Unternehmensziele sowie Verknüpfung an Team- und Mitarbeiter-Scorecards. Durch die Reduktion auf maximal 15-20 KPIs ist sie zudem schlank genug, um regelmäßig eine schnelle Übersicht der Lage zu ermöglichen. Durch die zuvor definierten relevanten Kennzahlen ergibt sich somit die bestmögliche Umsetzung anhand der Balanced Scorecard, denn sie betont, dass monetäre und nicht monetäre Kennzahlen ein Teil des Informationssystems für alle Mitarbeiter der Unternehmensbereiche sein müssen, um ihre Tätigkeit zielgerichtet im Sinne des Unternehmens ausüben zu können, so wie die Geschäftsführung die KPIs für die Steuerung ihrer langfristigen Ziele kennen muss[92]. Zudem scheint eine Übertragung der zuvor definierten KPIs in die Balanced Scorecard Perspektiven gut möglich, da sie die gleiche Wertschöpfungskette zugrunde legen und sich somit vom Aufbau ähnlich sind. Nachfolgend wird daher zunächst die Balanced Scorecard als Performance-Measurement-System vorgestellt und die Perspektiven anhand der definierten KPIs auf den Agenturbereich angewendet.

---

[92] Vgl. Kaplan/Norton (1997), S. 9 f.

3. BSC als Performance-Measurement-System

Die Zeitschrift Fortune berichtete in einer Studie 1999, bei der CEOs zum Thema Strategie befragt wurden: „Schätzungsweise bei 70% ist das eigentliche Problem nicht etwa eine schlechte Strategie, sondern eine schlechte Umsetzung."[93] Die Fähigkeit, eine Strategie umzusetzen, ist demzufolge wichtiger, als die Qualität der Strategie an sich.[94] Die Strategy Map nach Kaplan/Norton beschreibt diese Operationalisierung der Strategie durch vier Perspektiven, die materielle und immaterielle Werte berücksichtigen. Kaplan/Norton merken dazu an: „Die heutige Wirtschaft, in der immaterielles Vermögen die wichtigste Quelle für den Wettbewerbsvorteil darstellt, verlangt [...] nach Instrumenten, die wissensbasierte Vermögenswerte sowie wertschaffende Strategien beschreiben. Das Fehlen von solchen Instrumenten stellt Unternehmen vor die schwierige Aufgabe, etwas zu steuern, was sie weder beschreiben noch messen können."[95] Immaterielle Werte wirken sich nach Kaplan/Norton durch mehrstufige Ursache-Wirkungsbeziehungen auf das Finanzergebnis aus. Hierbei werden sie jedoch nicht monetär bewertet, sondern werden durch Kombination mit materiellen Vermögenswerten zu „wertschaffenden Aktivitäten verbunden",[96] dies wurde bereits oben näher erläutert.

3.1 Konzept der BSC

Nach Kaplan/Norton beinhaltet die Balanced Scorecard[97] als strategischer Handlungsrahmen vier Komponenten in der Durchführung: Konsensfindung und Umsetzung von Vision und Strategie, Kommunikation und Verknüpfung strategischer Ziele und Maßnahmen, Planung und Festlegung von Zielen und Abstimmung strategischer Schritte sowie Sicherstellen von strategischem Feedback und Lernen.[98] Somit ist die Balanced Scorecard der zentrale Rahmen, der den Managementprozess von der Definition der Strategie, Verankerung, Kommunikation bis hin zur Umsetzung, steuerbar und überprüfbar macht.[99] Die „Balance" erreicht

---

[93] Vgl. Kaplan/Norton (2001), S. 3.
[94] Vgl. Ernst & Young (1998), S. 9.
[95] Vgl. Kaplan/Norton (2001), S. 4.
[96] Vgl. ebenda; S. 61.
[97] Vgl. dazu und zum Folgenden Görtz (2012), S. 20 f.
[98] Vgl. Kaplan/Norton (1996), S.75-78; und Kaplan/Norton (1997), S. 10 f.
[99] Vgl. Bauer et al (2000), S. 4; Horváth (2003), S. 218; und Kloss (2003) S. 200.

das Instrument durch die Betrachtung verschiedener Perspektiven und Kennzahlen, qualitativ wie quantitativ, sowie durch die Kombination von Zielen und konkreten Maßnahmen. Dies veranschaulicht die folgende Abbildung, die die Perspektiven und ihre Scorecards beinhaltet.

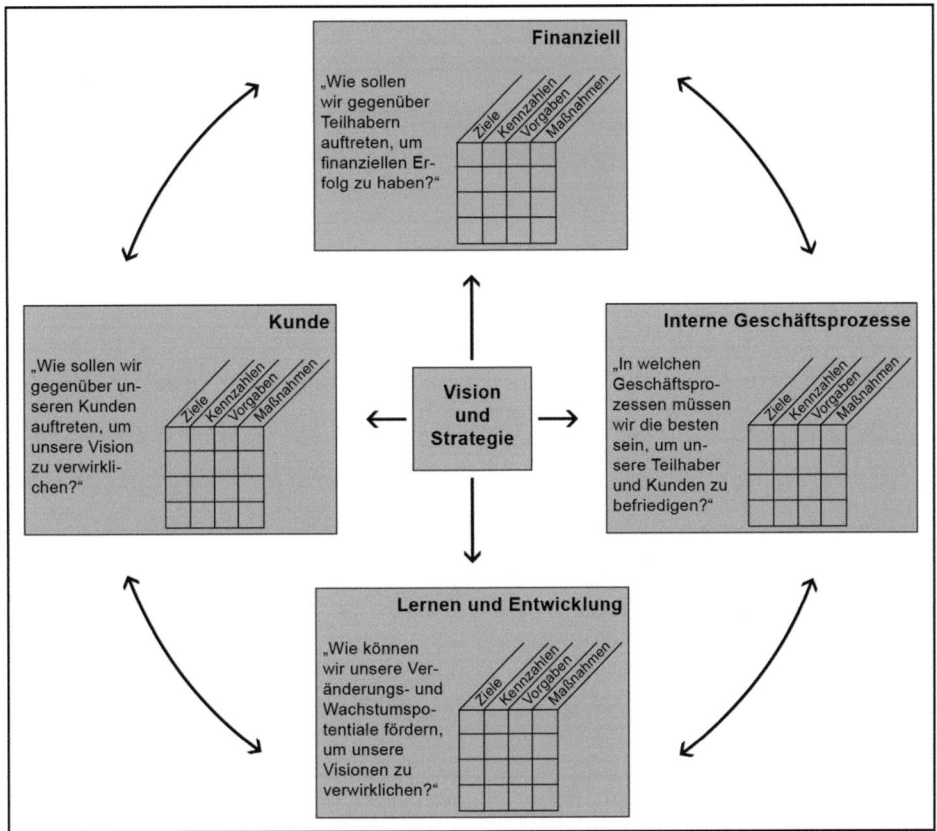

Quelle: Eigene Darstellung in Anlehnung an Kaplan/Norton (1997), S. 9.

Abb. 5: Perspektiven der Balanced Scorecard

Bezogen auf das Agenturcontrolling bietet das Instrument eine Möglichkeit, umfassend den gesamten Managementprozess von der Planung von Zielen und Maßnahmen sowie der Steuerung und Analyse von Interessen systematisch darzustellen. Die Ziele und Kennzahlen werden zu diesem Zweck von der Vision und Strategie abgeleitet und fokussieren in vier gleichgewichtige Perspektiven:

- Die finanzielle Perspektive,
- Die Kundenperspektive,
- Die interne Prozessperspektive und
- Die Lern- und Entwicklungsperspektive.

Die vier aufgeführten Perspektiven stehen dabei in einem wechselseitigen Ursache-Wirkungszusammenhang.[100] Es ist das Ziel der Balanced Scorecard, ein ausgeglichenes Verhältnis der ökonomischen und vorökonomischen Kennzahlen, sowie von Früh- und Spätindikatoren[101], zu erzielen. Denn die finanziellen Ergebnisse am Ende einer Geschäftsperiode geben selbst keinen Aufschluss über die Gründe des Erfolgs oder Misserfolgs, bzw. Abweichung zur Planung. Dafür sind Frühindikatoren als Kennzahlen nötig, die eine Analyse des Finanzergebnisses ermöglichen, wie beispielsweise die Kundenzufriedenheit.

3.2 Fallstudie Saatchi & Saatchi

Saatchi & Saatchi gehört zu den führenden Kreativagenturen weltweit und ist eine 100-prozentige Tochter der französischen Publicis Group S.A., die das weltweit drittgrößte Werbe-Netzwerk ist[102] In den 90er Jahren drohte der Agentur jedoch der Bankrott wegen spekulativer Börsengeschäfte.[103] Nach einem Führungswechsel und der Aufspaltung des Unternehmens, verkündete das neue Management ehrgeizige Ziele, um den Anforderungen der Shareholder gerecht zu werden: Margen von 30% auf das Wachstum und die Verdopplung des Gewinns pro Aktie. Um diese Ziele zu erreichen, waren sich CEO & CFO einig, dass die BSC für das Management der immateriellen Vermögenswerte unübertroffen ist. Sie definierten drei strategische Themen, wie operative Exzellenz, überragendes Kundenmanagement und Innovation Leadership, die sie in der nachfolgend abgebildeten Strategy Map umsetzten.[104]

Im Ergebnis hat sich der Shareholder Value verfünffacht - durch diese enorme Steigerung wurde Saatchi & Saatchi in die Balanced Scorecard Hall of Fame aufgenommen und kann hinsichtlich der Übertragbarkeit der BSC auf Kreativagenturen als Best Practice gelten[105]. Der CFO von Saatchi & Saatchi, William H. Cochrane, dazu: "Ideas and creativity is our most precious asset. The Balanced Scorecard has not only helped us manage our human capital, it has transformed our agencies into being action-oriented and client-focused. And it has put every-

---

[100] Vgl. Peternell, F. (2005), S. 49; und Luft, J. (2003), S. 54 ff.
[101] Siehe dazu: http://www.balancedscorecard.org/.
[102] Vgl. http://www.publicisgroupe.com.
[103] Vgl. http://de.wikipedia.
[104] Vgl. Kaplan/Norton (2004), S. 143 ff.
[105] Vgl. http://www.thepalladiumgroup.com/.

one in the same ballpark with a consistent definition of what we call 'permanently infatuated clients' and consistency in measures."[106]

Die folgende Abbildung zeigt die Balanced Scorecard, bzw. die strategy map, von Saatchi & Saatchi. Die Bedeutung der Mitarbeiter geht hier aus der angepassten „Lern- und Entwicklungsperspektive" hervor, die bei Saatchi „Mitarbeiter & Kultur" heißt. Sie stellt die Basis für die internen Prozesse, die durch finanzielle Disziplin, überragende Account-Leistung sowie gute Zusammenarbeit weltweit ... dauerhafte Kundenbegeisterung auslösen soll. Da die konkreten Zielvorgaben und Maßnahmen nicht veröffentlicht wurden, ist diese Darstellung nach Kaplan/Norton eine strategy map; die Verfasserin geht davon aus, dass aus Gründen der Geheimhaltung aufgrund des Wettbewerbs keine vollständige Balanced Scorecard gezeigt werden konnte.

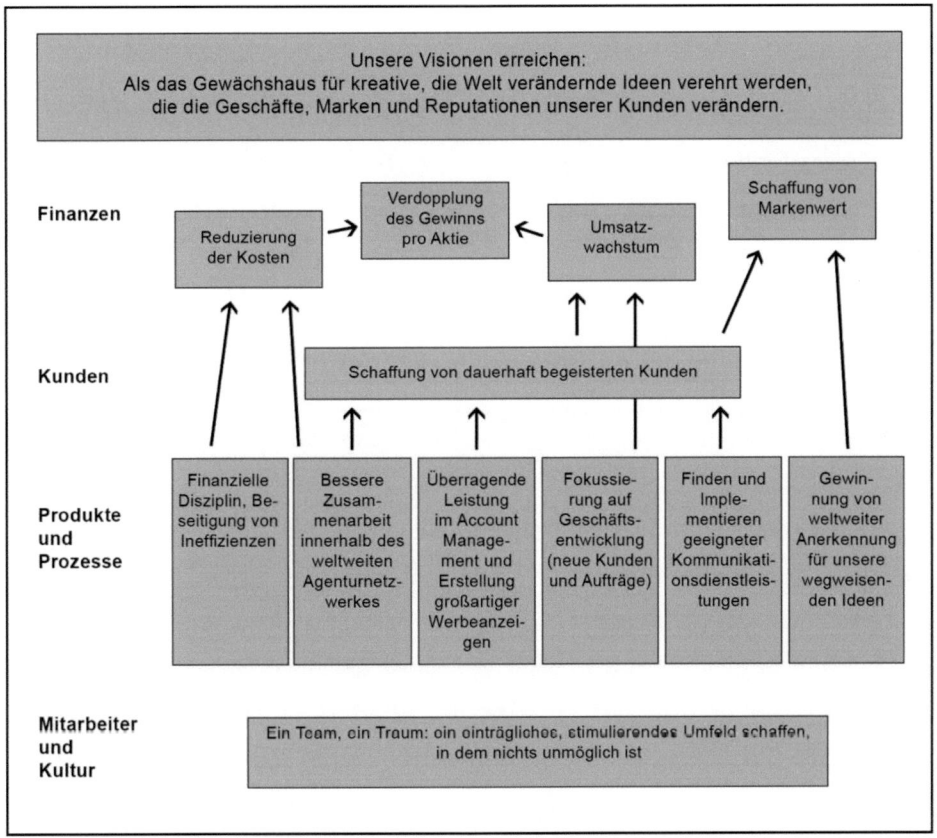

Quelle: Eigene Darstellung in Anlehnung an Kaplan/Norton (2004), S. 144.

Abb. 6: Strategy Map von Saatchi & Saatchi

---

[106] Vgl. ebenda.

Die Fallstudie zeigt, dass die Balanced Scorecard für den Einsatz bei Agenturen geeignet ist. Ebenso zeigt sie, dass der Ansatz der Erfolgskette für Dienstleistungsunternehmen sowie die Übertragung der gewählten KPIs in der Praxis umsetzbar und rentabel ist. Nachfolgend sollen daher die sechs KPIs anhand der vier Perspektiven der BSC angewendet werden. Wie von Kaplan/Norton vorgeschlagen, werden dabei pro Perspektive maximal 5 Kennzahlen benutzt, um in der Gesamtheit ein klares, leicht verständliches Abbild der Unternehmenssituation zu gewinnen, damit jeder Mitarbeiter die Ziele des Unternehmens versteht und loyal hinter den Entscheidungen der Geschäftsführung steht und diese im Sinne des Unternehmens vertritt. Die BSC soll als Performance-Measurement-System ein ganzheitliches Bild der unternehmensbezogenen Situation darstellen. Um das zu ermöglichen, wird pro Perspektive ggf. auf weitere Theorien verwiesen, die in diesem eng definierten Kontext nicht ausführlich betrachtet werden können.

KPIs der Agenturen	Perspektive der BSC
Interne Servicequalität	Interne Prozessperspektive
Mitarbeiterzufriedenheit	Lern- & Entwicklungsperspektive
Wahrnehmung der Leistung durch Kunden	Kundenperspektive
Kundenzufriedenheit	Kundenperspektive
Kundenbindung	Kundenperspektive
Profitabilität/ Wachstum	Finanzielle Perspektive

Quelle: Eigene Darstellung.

Tab. 2: Übertragung der Agentur-KPIs auf die BSC-Perspektiven

Da die Servicequalität offensichtlich von zahlreichen Faktoren abhängig ist,[107] werden einzelne Aspekte der Mitarbeiter- bzw. Lern- und Entwicklungsperspektive zugeordnet, da der Zusammenhang hier sinnvoller erscheint. Die Fallstudie verdeutlichte bereits, dass die Lern- und Entwicklungsperspektive im Falle der Agenturen durch den wichtigen Bereich der Mitarbeiter erfolgreich ergänzt werden konnte. Die übrige Zuordnung ergibt sich durch die Einteilung der KPIs *Wahrnehmung der Leistung* durch den Kunden, *Kundenzufriedenheit* und *Kundenbindung* in die Kundenperspektive und die *Profitabilität* und das *Wachstum* in die finanzielle Perspektive.

---

[107] Vgl. Abschnitt 2.2.3

3.3 Finanzielle Perspektive

Wertorientierung (Profitabilität und Wachstum) betrachtet das Unternehmen aus Sicht der Anteilseigner, die Investoren verfolgen die Maximierung der Verzinsung ihres eingesetzten Kapitals unter einem festgelegten Risiko. Dabei hat sich bewährt, verschiedene Schlüsselkennzahlen der Zielkategorien Gewinn bzw. Profitabilität, Wachstum und Sicherheit bzw. Risikominimierung zu betrachten.[108] Diese Ziele sind zum Teil komplementär, zum Teil aber auch konfliktär. Das oberste unternehmerische Ziel ist die langfristige Gewinnmaximierung.[109] Dabei dient die finanzielle Perspektive der Balanced Scorecard als Oberziel der anderen Perspektiven. Typische Kennziffern der genannten Zielkategorien sind das Umsatzwachstum, der Kunden-Deckungsbeitrag, die Kapitalrentabilität, der Cashflow, der ROI oder der Verschuldungsgrad. Diese Kennzahlen geben Aufschluss über die Liquidität, Stabilität und Rentabilität des Unternehmens, die ganzheitlich den Wert des Unternehmens abbilden. Durch die Sicherstellung aller drei Zielkategorien wird das Oberziel des Unternehmens verfolgt. Sie werden daher auch als das „magische Dreieck" bezeichnet.[110] Die Auswertung erfolgt durch finanzwirtschaftliche und erfolgswirtschaftliche Kennzahlen.[111]

3.3.1 Finanzwirtschaftliche Kennzahlen

Zu den finanzwirtschaftlichen Kennzahlen zählen beispielsweise die Investitionsanalyse, die Finanzierungsanalyse und Liquiditätsanalyse:

- Die Investitionsanalyse hat zum Ziel, aus der Vermögensstruktur Aussagen über die künftige Zahlungsfähigkeit abzuleiten. So zeigt zum Beispiel die *Finanzanlagenintensität* (Finanzanlagevermögen / Gesamtvermögen * 100), den Grad des gebundenen Kapitals – und erzeugt bei einer hohen Finanzanlagenintensität Skepsis bei Kreditgebern, da der erwartete Mittelrückfluss im Vergleich zur Vorratsintensität in einer fernen Zukunft liegt.
- Die Finanzierungsanalyse zielt auf die Abschätzung von Finanzrisiken ab.[112] So signalisiert beispielsweise ein hoher *Verschuldungsgrad* (Fremdkapital /

---

[108] Vgl. dazu und im Folgenden Reinecke/Geis (2005), S. 283.
[109] Vgl. dazu und im Folgenden Wöhe (2005), S. 221.
[110] Vgl. http://www.controlling-wiki.com.
[111] Vgl. dazu und im Folgenden Wöhe (2005), S. 1056 ff.
[112] Vgl. ebenda (2005), S. 1058 ff.

Eigenkapital * 100) bzw. eine niedrige *Eigenkapitalquote* (Eigenkapitel / Gesamtkapital * 100) ein hohes Finanzierungsrisiko.

- Die Liquidationsanalyse geht der Frage nach, inwieweit das Liquiditätspotenzial ausreicht, um den gegebenen Zahlungsverpflichtungen nachzukommen. So bezeichnet der *dynamische Verschuldungsgrad* (Fremdkapital / Cash Flow) die Entschuldungsdauer (in Jahren).

3.3.2 Erfolgswirtschaftliche Kennzahlen

Zu den erfolgswirtschaftlichen Kennzahlen gehören die Ergebnisanalyse, die Rentabilitätsanalyse und die Break-Even-Analyse:

- Die Ergebnisanalyse besteht zum einen aus der Ergebnisquellenanalyse und zum anderen aus der Analyse der Aufwands- und Ertragsstruktur. Die Ergebnisquellenanalyse kann auf Basis der GuV durchgeführt werden. Die Analyse der Aufwands- und Ertragsstruktur zeigt, welchen Beitrag die einzelnen Aufwands- und Ertragskomponenten zur Erzielung des Gesamtergebnisses leisten. Die dazu gebildeten Kennzahlen beruhen auf der Relation Aufwand / Aufwand (z.B. Personalaufwand / Gesamtaufwand), Aufwand / Ertrag (z.B. Abschreibungsaufwand / Gesamtleistung) oder Ertrag / Ertrag (z.B. Beteiligungsertrag / Gesamtertrag). Die somit gebildeten Kennzahlen, wie z.B. die *Personalaufwandquote* (Personalaufwand / Gesamtleistung * 100), geben Einblicke in die Wirtschaftlichkeit des Unternehmens, wenn sie in Kombination mit weiteren Indikatoren und nicht isoliert betrachtet werden.
- Die Rentabilitätskennzahlen setzen Ergebnisgrößen (Gewinn, Jahresüberschuss, Cash-Flow oder Brutto-Gewinn) ins Verhältnis zu einer Kapital- oder Vermögensgröße (Eigenkapital oder Gesamtkapital). Die *Gesamtkapitalrentabilität* ((Gewinn + Fremdkapitalzinsen) / (Eigenkapital + Fremdkapital) * 100) entspricht der internen Verzinsung des im Unternehmen eingesetzten Kapitals und eignet sich zum Unternehmensvergleich. Die Gesamtkapitalrentabilität zeigt die Ertragskraft unabhängig vom Verschuldungsgrad. Die Ursache für eine hohe Rentabilität liegt somit nicht zwangsläufig in einer hohen Ertragskraft, sondern kann auch im Leverage-Effekt[113] begründet sein.[114]

---

[113] Der Leverage-Effekt ist die Hebelwirkung auf das Eigenkapital, die durch Erhöhung des Verschuldungsgrades entsteht, wenn die Kosten für die Aufnahme von Fremdkapital günstiger sind als die Gesamtkapitalren-

- Die Break-Even-Analyse dient der Ermittlung des Kostendeckungspunktes (db = Preis – variable Kosten), bei dessen Überschreiten das Unternehmen die Verlustzone verlässt und in die Gewinnzone eintritt. Jedoch ist diese Vorgehensweise in der Praxis problematisch, da ein proportionaler Gesamtkostenverlauf unterstellt wird und die Spaltung der Gesamtkosten in fixe und variable Kosten nicht ohne weiteres eindeutig bestimmt werden kann.[115]

3.3.3 Agenturspezifische Sicht auf die Finanzperspektive

Die finanziellen Ziele der Fallstudie waren wie folgt angegeben: Kostenreduzierung, Umsatzwachstum und Verdopplung des Aktiengewinns. Da diese Ziele sich auf das gesamte Unternehmen beziehen, müssen sie operationalisiert werden, um auf einzelne Teamstrukturen übertragen zu werden und teamübergreifend Vergleiche zuzulassen. Daher scheint es aus praktischer Sicht notwendig, weitere Methoden der Bewertung der Kunden zum Zwecke einer Priorisierung durchzuführen, um Aufschluss über die Ursachen und Bedeutung der finanziellen Kennzahlen zu erhalten. Im Sinne einer kundenwertorientierten Unternehmensführung müssen daher insbesondere kundenbezogene und nicht nur gesamtunternehmensbezogene Kennzahlen ermittelt werden. Die in der Literatur bedeutendsten Methoden des Dienstleistungsmarketings[116] werden daher nachfolgend vorgestellt und aus Sicht der Agenturen diskutiert.

- ABC-Analyse: Um die Umsatzkennzahlen verschiedener Kunden zu vergleichen, kann die ABC-Analyse herangezogen werden.[117] Sie bildet die Kundenstruktur anhand des Umsatzes der jeweiligen Periode ab und ermöglicht grafisch die Einteilung der Kunden: An der Y-Achse wird der kumulierte Umsatzanteil und an der X-Achse der kumulierte Anteil am Kundenbestand abgetragen. Das Ergebnis ist häufig die Pareto-Regel, die besagt, dass 20 Prozent der Kunden 80 Prozent des Umsatzes generieren.
  Die ABC-Analyse ermöglicht es somit, Prioritäten für das Controlling zu erkennen. Die A Kunden beeinflussen den Umsatz des Unternehmens stärker,

---

tabilität (positiver Leverage-Effekt). Eine negative Hebelwirkung entsteht, wenn die Gesamtkapitalrentabilität kleiner ist als die Fremdkapitalzinsen. Vgl. Wöhe (2005), S. 736 f.

[114] Vgl. dazu und im Folgenden Wöhe (2005), S. 1063 ff.
[115] Vgl. Wöhe (2005), S. 1066.
[116] Vgl. Meffert/Bruhn (2008), S. 410.
[117] Vgl. ebenda, S. 413.

als B oder C Kunden, und können dadurch z.B. in der Balanced Scorecard differenzierter in Form von weiteren Unterzielen oder Project-/ Team-Scorecards erfasst werden. Da jedoch zwischen dem Umsatz und der Profitabilität einer Kundenbeziehung nicht immer eine lineare Beziehung besteht,[118] stellt eine Kostenermittlung als Erweiterung der Kundenumsatzanalyse eine sinnvolle Erweiterung dar,[119] denn das finanzielle Ergebnis in Form des **Gewinns** (bzw. des **Umsatzwachstums**), wird widergespiegelt durch die Gesamtleistung (bzw. die Veränderung der Gesamtleistung) der einzelnen Account-Teams, die aus unterschiedlich erfolgreich geführten Kundenprojekten besteht. Somit scheint es sinnvoll, die Wachstumsrate oder Gewinnsteigerung zunächst für die gesamte Agentur vorzugeben, dann aber pro Account-Team der jeweiligen Situation anzupassen (u. a. da die Preisgestaltung, Vertragsart und -Umfang sowie die individuellen Anforderungen der Kunden variieren) und durch Zielvereinbarungen schrittweise zu erhöhen. Durch diese Vorgehensweise gibt es ein erstes Feedback des mittleren Managements ob die gewählten Ziele realistisch erscheinen. Aufgrund der bereits erläuterten Bedeutung der Mitarbeiter für die Agentur (Beziehung zwischen Kunde und Mitarbeiter als Komponente der Kundenbindung, aber auch des spezifischen Know-Hows über die Projekte, Kundenwünsche, Markt- und Wettbewerbsbedingungen) ist diese Möglichkeit des Feedbacks innerhalb des Implementierungsprozesses der BSC ein wesentliches Erfolgskriterium.

ABC-Analysen auf Umsatzbasis vernachlässigen jedoch die Kostensicht und sind daher problematisch.[120] Außerdem werden zukünftige Entwicklungen vernachlässigt, wie z.B. der Loyalitätswert oder das Referenzpotenzial. Gladen empfiehlt daher ABC-Analysen auf Basis des CLV[121] durchzuführen, sodass zukünftige Einkünfte diskontiert werden und Berücksichtigung in der ABC-Analyse finden. Diese Vorgehensweise scheint für Agenturen sinnvoll, um die zukünftig strategisch wichtigen Kunden zu erkennen und eine gezieltere Planung zu ermöglichen.

- Deckungsbeitragsanalyse: Wie bereits dargestellt, muss zwischen dem Gesamtumsatz und der Profitabilität nicht zwangsläufig eine lineare Beziehung

---

[118] Vgl. Kraft (2007), S. 78.
[119] Vgl. Meffert/Bruhn (2008), S. 414.
[120] Vgl. Gladen (2005), S. 296.
[121] Siehe *Kundenwert*.

entstehen. Daher stellt die Kundendeckungsbeitragsanalyse, bei der neben dem Umsatz auch die Kosten Berücksichtigung finden, eine sinnvolle Erweiterung dar. [122] Zur Ermittlung der Deckungsbeiträge pro Kunden sind die Kosten zu ermitteln, die für den betreffenden Account (Kundenetat) in einer Leistungsperiode anfallen, also folglich entfallen, wenn die Beziehung zu dem Kunden nicht mehr besteht. Diese Kosten werden von den Bruttoerlösen der Leistungsperiode abgezogen. Vom Ergebnis (die Nettoerlöse) werden die Kosten der vom Kunden bezogenen Leistungen subtrahiert. Das Ergebnis ist der Kundendeckungsbeitrag I. Von diesem können weitere variable kundenbedingte Auftragskosten (z.B. kurzfristig mit einbezogener Freelancer) subtrahiert werden, um den Deckungsbeitrag II zu erhalten. Werden von diesem die sonstigen Einzelkosten des Kunden pro Periode abgezogen, ist das Ergebnis der Deckungsbeitrag III.

Zur Beurteilung des Erfolges und zur Segmentierung der Kundenstruktur kann diese Betrachtung für Agenturen hilfreich sein, um eine zeitpunktbezogene Darstellung der Ertragslage zu erhalten. Jedoch ist die Deckungsbeitragsanalyse nur eine historische Betrachtung, deren Verlauf zwar überwacht werden kann, aber keine Kenntnisse über die zukünftige Entwicklung geben. Insofern muss neben der exakten Kostenzuordnung auch ein mehrperiodisches Controlling Anwendung finden.

- Prozesskostenrechnung/ activity-based-costing: Das u. a. von Kaplan entwickelte activity-based-costing hat die verursachungsgerechte Verteilung der Gemeinkosten zum Ziel.[123] Die **Kostenstruktur** von Beratungsunternehmen besteht zu 60-80% aus Personalkosten, zu 10-15% aus dem Bürobetrieb und Reisekosten, zu 5-10% aus Eigenmarketing- und Akquise-Kosten sowie zu 5-15% aus allgemeinen und zentralen Unternehmenskosten.[124] Somit sind die Gemeinkosten ein bedeutender Faktor bei der Kostenkalkulation. Das Instrument der Prozesskostenrechnung schafft hier breiten Anwendungsnutzen.[125] Es hat zum Ziel, sämtliche direkte und indirekte Gemeinkosten verursa-

---

[122] Vgl. auch Bruhn/Meffert (2008), S. 415.
[123] Vgl. Barth/Barth (2008), S. 316.
[124] Vgl. Binnewies (2002), S. 106. Es ist davon auszugehen, dass diese Kostenstruktur in etwa der von Werbeagenturen entspricht, da die Merkmale einer professionellen Dienstleistung (Typ B) auf Agenturen übertragbar sind. Zu ähnlichen Ergebnissen bzgl. Der Kostenstruktur siehe auch http://www.horizont.at/.
[125] Vgl. Reckenfelderbäumer (2005), S. 43.

chungsgerecht zu verteilen.[126] Das acitivity-based-costing fasst einzelne Aktivitäten zu Prozessen (bzw. cost driver) zusammen und verrechnet diese auf Kostenträger. Die Prozesskostenrechnung nach Horváth & Partner stellt die Weiterentwicklung des acitivity-based-costing dar. Sie stellt jedoch im Unterschied zum ABC die indirekten Gemeinkosten in den Mittelpunkt der Betrachtung.[127]

Obwohl professionelle Dienstleistungen wie die Kreation von Kommunikationsprojekten und die Durchführung dergleichen in höchstem Maße individuell erbracht werden, können die dahinterliegenden Teilprozesse dennoch nach Reckenfelderbäumer „durchaus (in gewissen Grenzen) für eine Prozesskostenrechnung zugänglich sein."[128] Die durch Einbindung des externen Faktors bedingten Unsicherheiten ermöglichen es jedoch nach Reckenfelderbäumer unter Einbezug des Kunden und mit Hilfe der Teilprozessanalyse die Mitwirkungsfähigkeit und –Bereitschaft der Kunden positiv zu beeinflussen. Insofern ergeben sich neben der Analyse der Prozesskosten weitere Potenziale durch Einbezug weiterer Controlling-Instrumente wie etwa des Service Blueprintings.[129]

- Kundenwert: Der Kundenwert gibt darüber Aufschluss, an welcher Stelle es sich lohnt, weiter in die Kundenbeziehung zu investieren. Nach Weber dient die Kundenwert-Kontrolle drei Zwecken:[130]

1. Kann ein möglichst zeitnahes Umlenken von unbefriedigend verlaufenden Maßnahmen in die angesteuerte Richtung erfolgen.
2. Stellt die Existenz des Kontrollsystems einen wesentlichen Garanten für die erfolgreiche Willensdurchsetzung dar, da somit die aufgebauten Anreizmechanismen für die Verantwortungsträger Nachvollziehbarkeit schafft.
3. Weiterhin leisten die aus der Kontrolle gewonnenen Erkenntnisse ein vertieftes Verständnis der Geschäftsbeziehung.

Der Erhalt einer Geschäftsbeziehung ist im Rahmen eines kundenorientierten Controllings nur dann sinnvoll für das Unternehmen, wenn der Barwert des Kun-

---

[126] Vgl. hierzu und im Folgenden Barth/Barth (2008), S. 316; und Link/Weiser (2006), S. 193.
[127] Vgl. Horváth & Partner (2003), S. 551 ff.
[128] Vgl. Reckenfelderbäumer (2005), S. 44.
[129] Siehe hierzu Abschnitt 3.5.3.
[130] Vgl. dazu und im Folgenden Weber/Lissautzki (2005), S. 308.

den (CLV) positiv ist. Diese Aussage ist solange sinnvoll, wie Wertorientierung auch Maxime der Unternehmensführung ist – für Non-Profit-Organizations etwa trifft sie nicht zu, während für Agenturen die Kundenwertorientierung ein rationales Verständnis schafft: Erst wenn Kundenorientierung primär die Zielsetzung der Maximierung der ökonomischen Kundenwertbeiträge aus Sicht des Unternehmens verfolgt, führt Kundenorientierung auch zur Wertmaximierung des Unternehmens.[131] Dies gelingt durch Optimierung der kumulierten Kundenwerte, Customer Equity. Dabei ist die Befriedigung der Kundenbedürfnisse nur Mittel zum Zweck. Die nachfolgende Abbildung verdeutlicht den Zusammenhang der Führungsprinzipien von der engen Ausrichtung am Kapitalmarkt (Wertorientierung) bzw. der Orientierung am Absatzmarkt (Kundenorientierung). Die gewählte Definition legt den Kundenwert - als zentrale Bezugsgröße - der kundenwertorientierten Unternehmensführung fest.

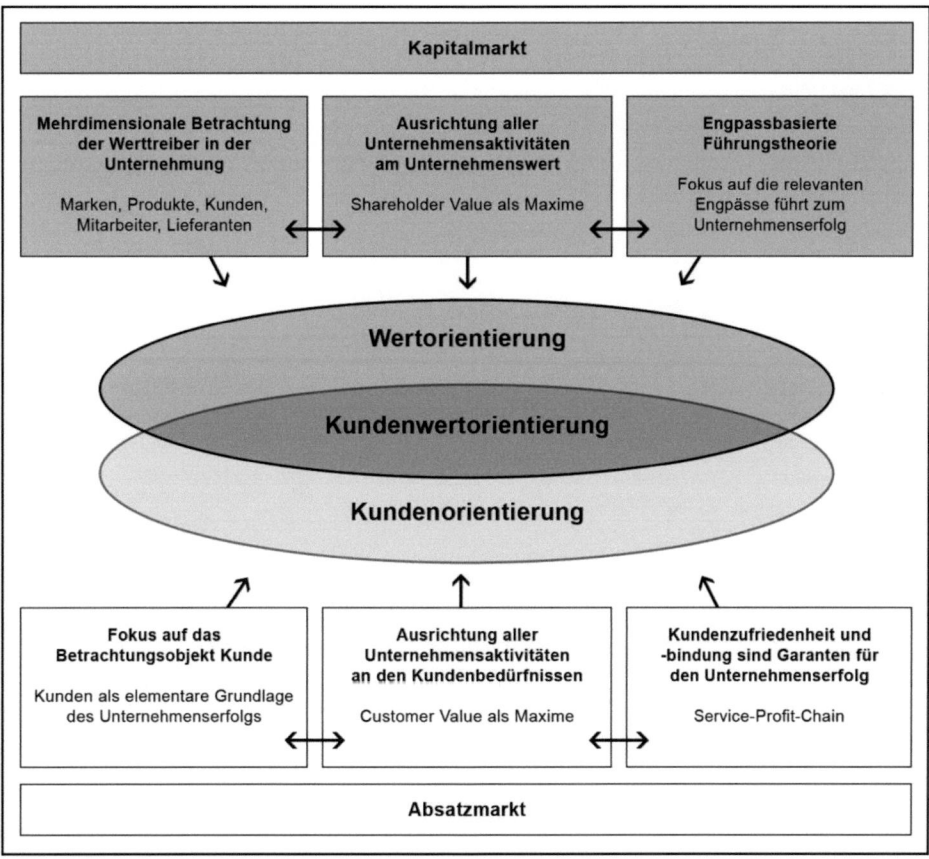

Quelle: Eigene Darstellung in Anlehnung an Weber/ Lissautzki (2004), S. 9.

Abb. 7: Kundenwertorientierte Unternehmensführung

---

[131] Vgl. Lissautzki (2007), S. 18.

Der Kundenwert lässt sich in zwei unterschiedliche Perspektiven aufdecken. Der Kundenwert aus Sicht der Nachfrager, Customer Value, ist der Indikator des Ausmaßes, in dem ein Anbieter dazu beiträgt, die monetären und nicht monetären Ziele des betrachteten Kunden zu erfüllen.[132] Diese Definition löst sich von einzelnen Dienstleistungen und bildet den Kundenwert aus Nachfragersicht über den gesamten Kundenbeziehungszeitraum.[133] Der Customer Value besteht aus dem Relationship-Nutzen, dem Markennutzen und dem Servicenutzen. Die Differenz der maximalen Zahlungsbereitschaft für diesen Bruttonutzen zu den bezahlten Preisen (Kundenumsatz) gibt den Nettokundennutzen wieder (Netto-Customer-Value). Die nachfolgende Abbildung verdeutlicht diesen Zusammenhang.

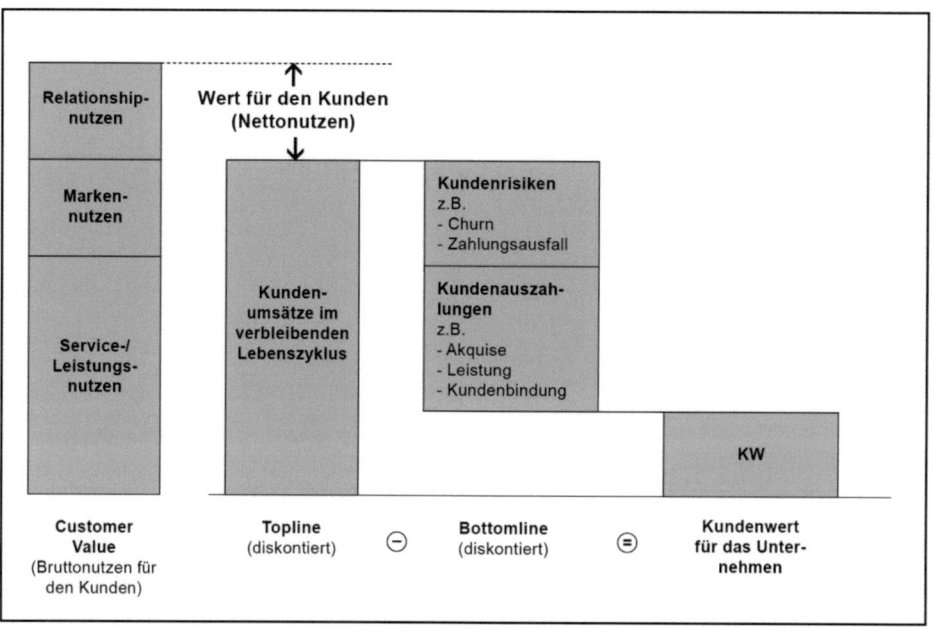

Quelle: Eigene Darstellung in Anlehnung an Weber/Lissautzki (2004), S. 11.

Abb. 8: Kundennutzen und Kundenwert für das Unternehmen

Im Unterschied zur Zahlungsbereitschaft, die aus Kundensicht den subjektiven Kundenwert (auch *Kundennutzen* genannt) angibt, muss der Kundenwert aus Anbieterperspektive auch die potenziellen monetären Erfolgswirkungen der Kundenbeziehungen widerspiegeln. Dazu gehören die Ein- und Auszahlungen sowie

---

[132] Vgl. Cornelsen (2000), S. 37.
[133] Vgl. Lissautzki (2007), S. 20.

vorökonomische Einflussgrößen, die letztlich als Bestimmungsfaktoren über Ursache-Wirkungsketten dem monetären Kundenwert untergeordnet sind und diesen beeinflussen.[134] Der dargestellte Zusammenhang veranschaulicht eine bedeutende Abweichung vom Customer Value zum anbieterspezifischen Kundenwert. Vom Customer Value ist zunächst der Nettonutzen des Kunden abzuziehen, das Ergebnis ist der reale Kundenumsatz. Von diesem werden Kundenrisiken und Auszahlungen verrechnet, um zum Kundenwert aus Sicht des Unternehmens zu gelangen. Wesentlich ist daher für langfristigen Erfolg der Geschäftsbeziehung nicht nur ein positiver Kundenwert aus Anbieterperspektive sondern auch ein positiver Nutzen aus Kundensicht.

Der Zeitbezug geht aus der Abbildung zwar nicht deutlich hervor, Lissautzki betont ihn aber durch die dynamische Investitionsrechnung.[135] Der Customer Lifetime Value berücksichtigt sämtliche Zahlungsströme der Kundenbeziehungsdauer: (Einzahlungen – Auszahlungen) / Diskontierungsfaktor x Bestandswahrscheinlichkeit. Die Addition aller CLVs der Bestands- und Neukunden ergibt den *Customer Equity*, also den Barwert sämtlicher Kundenbeziehungen. Aus diesem investitionstheoretischen Verständnis lohnt die Kundengewinnung nur, wenn der Kapitalwert der Kundenbeziehung größer Null ist.[136]

- Target costing: Das Target costing passt als marktorientierter Ansatz nach Kloss in den Grundgedanken der BSC.[137] Dabei werden nicht entlang der Prozesskette die Kosten zur Durchführung eines Kommunikationsprojektes kalkuliert, sondern es wird umgekehrt von der *Preisbereitschaft* der Kunden und damit der Durchsetzbarkeit am Markt ausgegangen. Somit können die vom Markt (bzw. vom Kunden) erlaubten Kosten ermittelt werden, durch Abzug des angestrebten Gewinns von dem ermittelten Preis der Dienstleistung. Bei fixen Budgets der Kunden, die für ähnliche Projekte in der Praxis sehr unterschiedliche Preisbereitschaften besitzen, ist es für die Agenturen unabdingbar, die Preisbereitschaft ihrer Kunden zu ermitteln. Durch die unterschiedliche Preisbereitschaft für Agenturleistungen erscheint somit das Benchmarking im Gegensatz zu Kloss` Ansatz bezüglich des target costing für Marketingabteilungen auf Auftraggeberseite, kaum hilfreich. Das Target

---

[134] Vgl. Lissautzki (2007), S. 22.
[135] Vgl. Ebenda, S. 24.
[136] Vgl. Lissautzki (2007), S. 24.
[137] Vgl. dazu und im Folgenden Kloss (2003), S. 197 f.

costing hilft jedoch Agenturen, indem vorab ermittelt wird: Wie viel darf diese Kampagne kosten?[138] Somit ist hier weniger ein marktorientierter Preis, aber ein kundenindividueller Ansatz gemeint.

3.3.4 Zwischenfazit

Die vorherigen Abschnitte haben gezeigt, dass die übergeordneten Unternehmensziele zum Teil konfliktär sind und daher mehrere Kennzahlen und Indikatoren benötigt werden, die Wachstum, Rentabilität und Sicherheit abbilden. Ebenso ist es wünschenswert, einen mehrperiodischen Bezug der Ertragslage zu beinhalten, um zukunftsgerichtete KPIs zu analysieren. Für Agenturen ist es von maßgeblichem Interesse, mittels CLV-basierter ABC-Analyse ihre Kunden einzuschätzen und zu priorisieren. Für relevante Kunden müssen Kostenrechnungen durchgeführt und die Preisbereitschaft ermittelt werden. Für die als erfolgswirtschaftlich relevant erkannten Kunden müssen differenzierte Maßnahmen festgelegt werden, die mittels kundenspezifischer Vorgaben für jeden Etat festgelegt werden können.

Ziele	Vorgaben
Rentabilität	ROI 15%
Zahlungsfähigkeit	Liquidität > 75%
Keine Verlustkunden	Positiver CLV
Wachstum	Umsatzwachstum 2% im Vergleich zum Vorjahr pro Etat

Quelle: Eigene Darstellung.

Tab. 3: Beispielhafte Darstellung der Finanzperspektive

Die beispielhafte Darstellung der Finanzperspektive zeigt die als erfolgskritisch identifizierten Kennzahlen unter Berücksichtigung einer mehrperiodischen Sicht durch den Customer-Lifetime-Value. Zusätzlich dienen die Kennzahlen ROI, Liquidität und Umsatzwachstum der Sicherung der Interessen der Shareholder. Das Umsatzwachstum wurde für jeden Etat festgelegt, könnte aber auch individuell variieren.

---

[138] Vgl. ebenda.

3.4 Kundenperspektive

Aus der Perspektive des Prozesscharakters ergeben sich zwei Sichten: Einerseits der unternehmerische Erstellungsprozess und der kundenseitige Nutzungsprozess andererseits.[139] Durch den Interaktionsgrad bei der Leistungserstellung ist es folglich nicht ausreichend, nur die unternehmensinternen Prozesse zu optimieren, Verantwortlichkeiten festzulegen und effizienzorientierte Prozessziele zu vereinbaren. Wesentlich erscheinen darüber hinaus insbesondere die Kontaktpunkte zwischen Kunden/ Dienstleister, die zu einem Eindruck über die Qualität des Leistungsangebotes führen.[140] Der Wert der Dienstleistung aus Sicht des Kunden wird mit dem *Customer Perceived Value Accounting* (CPV) angesprochen. Demgegenüber steht der Kundenwert aus Anbietersicht, der *Customer Lifetime Value* (CLV), der als mehrperiodisches Konstrukt zu verstehen ist, da Erträge und Aufwendungen über einen längeren Zeitraum fließen und oftmals mit Verzögerung entstehen.[141] Als Frühindikatoren wurden bereits die *Wahrnehmung der Dienstleistungsqualität* aus Sicht des Kunden, die *Kundenzufriedenheit* mit der Agentur, *Kundenbindung* und der *Interaktionsgrad* bzw. die *Beziehungsqualität* identifiziert.

3.4.1 Kundenbindung

Der Begriff der Kundenbindung wird in der Literatur unterschiedlich bewertet. Zum Teil wird er mit Kundenloyalität und Kundentreue synonym verwendet, zum Teil wird Kundenloyalität als Voraussetzung für Kundenbindung erachtet.[142] Eine weitere Quelle definiert Loyalität als Kundenbindung in Verbindung mit Commitment[143] und Vertrauen, unabhängig von vertraglichen Verpflichtungen. Dieser Definition soll in diesem Zusammenhang gefolgt werden, da sie in Bezug auf die Agentur-Kunden-Perspektive am Sinnvollsten scheint. Tatsächlich werden Agenturen lt. GWA Monitor zu 17,7% durch den scope of work (Arbeitsumfang), 28,6% Pauschalhonorare und 45,7% durch Projekthonorare bezahlt.[144] Scope of work

---

[139] Vgl. Wall/Schröder (2005), S. 115.
[140] Vgl. Abschnitt 2.2.3
[141] Vgl. Wall/Schröder (2005), S. 116.
[142] Vgl. Mödritscher (2008), S. 103.
[143] Unter *Committment* wird nach Bruhn "der starke Glaube eines Kunden verstanden, die Beziehung zum Unternehmen sei derart wichtig für ihn, dass er alle Anstrengungen unternehmen wird, diese Beziehung aufrecht zu erhalten." Vgl. (2011), S. 79.
[144] Vgl. www.gwa.de.

und Pauschalhonorare lassen auf feste Verträge schließen, die für mehrere Jahre gelten während Projekthonorare per Definition einen kurzfristigeren Charakter haben.[145] Somit sind für Agenturen beide Faktoren bedeutend, die Kundenbindung insbesondere im Hinblick auf die Bedeutung der mehrjährigen Kundenbeziehung und die Kundenloyalität als Frühindikator der Kundenbindung. „Zentrale Voraussetzung für den Aufbau und den Erhalt von Kundenbindung ist das Leistungsangebot, mit dessen Hilfe ein Unternehmen sich positiv von der Konkurrenz differenzieren kann.“[146] Der Kunde bindet sich an das Unternehmen, solange er das Gefühl hat, von diesem besser bedient zu werden, als von einem seiner Konkurrenten. Somit ist es das Ziel der Agentur, einen überragenden Wertbeitrag zu leisten, der wahrgenommen und erlebt wird.[147] Die emotionale Bindung ist die besondere Herausforderung, da zum einen vertragliche Bindung zu einer wahrgenommenen Einschränkung der Souveränität des Anbieters aus Sicht des Kunden führen kann, bzw. in der Folge zu einer latenten Unzufriedenheit der Kunden, und ökonomische Anreize die vorhandenen oder wahrgenommenen Leistungsdefizite nicht kompensieren.[148]

Die genannten Faktoren der Kundenbindung sind in nachfolgender Abbildung dargestellt.

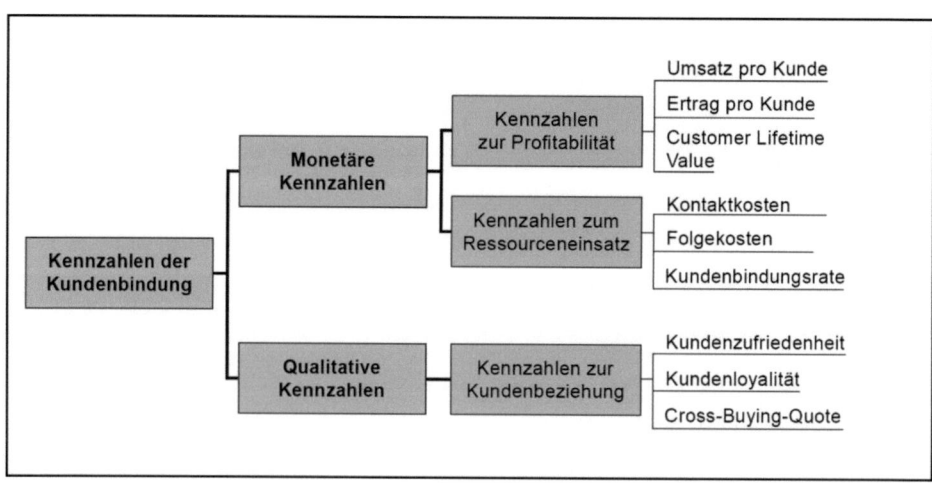

Quelle: Eigene Darstellung in Anlehnung an http://www.handelswissen.net.

Abb. 9: Kennzahlen der Kundenbindung

---

[145] Wobei nicht auszuschließen ist, das trotz Projekthonorierung eine langfristige Kundenbeziehung besteht.
[146] Vgl. Hermanns/Thurm (2000), S. 472.
[147] Vgl. Mödritscher (2008), S. 103.
[148] Vgl. ebenda, S. 103.

Die Darstellung veranschaulicht, dass sowohl monetäre als auch qualitative Kennzahlen Aufschluss über die Kundenbindung geben. Eine Analyse der Kundenbindung ist weiterhin über die Betrachtung der *Kundenfluktuation* sowie die *Weiterempfehlungsrate* möglich. Durch die Analyse der Kundenbeziehungsdauer und Abwanderungsgründe können Steuerungsmaßnahmen eingeleitet werden, um einen Image-Verlust durch weitere abwandernde Kunden zu verhindern. Diese Maßnahmen können anhand der Gründe für eine nicht erfolgte Weiterempfehlung eingeleitet werden, sofern diese Gründe bekannt, bzw. in einer erfolgten Befragung angegeben wurden. Die Cross-Buying-Quote bezieht sich nur auf Agenturen, die neben der kreativen Konzeptentwicklung weitere Funktionen selbst erfüllen, wie z.B. Media-Unit oder Post-Production.

3.4.2 Kundenzufriedenheit

Nach Bruhn lassen sich die Methoden zur Messung der Kundenzufriedenheit (d.h. kundenorientierte, subjektive Qualitätsmessung) in merkmals-, ereignis- und problemorientierte Messmethoden unterscheiden.[149] Bei den merkmalsorientierten Verfahren erfolgt die Ermittlung der Qualitätswahrnehmung mit Hilfe quantitativer Befragungen unter der Annahme, dass sich das Qualitätsurteil der Kunden aus der Aggregation von Einzelbewertungen verschiedener Qualitätsmerkmale ableitet.[150] Bei der ereignisorientierten Qualitätsmessung findet der Prozesscharakter des Leistungserstellungsprozesses stärkere Berücksichtigung, da die Kunden ihre Erlebnisse hinsichtlich der Inanspruchnahme der Dienstleistung schildern.[151] Der problemorientierte Ansatz befragt nur die wahrgenommenen Schwächen der Servicequalität und berücksichtigt nicht die Stärken eines Dienstleisters.

---

[149] Vgl. dazu und im Folgenden Bruhn (2000), S. 22 ff; Bruhn (2004), S. 98 ff; und Benkenstein/Stenglin (2005), S. 60.

[150] Zu dieser Methode gehören die multiattributiven Messansätze wie der SERVQUAL-Ansatz, bei dem ein vorab definierter Merkmalskatalog mittels Ratingskala zu bewerten ist. Der SERVQUAL-Ansatz beinhaltet 22 Qualitätsmerkmale zu Eindrucks- und Erwartungswerten, die zu fünf Qualitätsdimensionen verdichtet werden. Durch den Mittelwert dieser Qualitätsurteile lässt sich ein Gesamtqualitätsurteil errechnen. Demgegenüber stehen die dekompositionellen Ansätze, bei denen auf Grundlage der globalen Qualitätsurteile die gebildete Rangordnung der beurteilten Teilleistungen Aufschluss über die Teilqualitätsmerkmale und deren Gewichtung gibt.

[151] Zu dieser Methode gehören z.B. die Critical Incident Technique, bei der der Kunde mittels offener Befragung seine besonders negativen wie positiven Erfahrungen ungestützt schildert. Dagegen basiert die sequentielle Ereignismethode auf dem Prinzip des Story Telling, wobei der Kunde seine Erafhrungen mit dem Dienstleister rekapituliert, jedoch ein Blueprint (vgl. Abschnitt 3.5.3) vorliegen hat.

Für den Nutzen in einem Kennzahlensystem, das auf einem prozessorientierten Qualitätscontrolling basieren soll, eignet sich die Integration von ordinalskalierten Qualitätsurteilen, die mittels multiattributiven Messansätzen gewonnen wird.

Die in Abschnitt 2.2.3 definierten erfolgskritischen Kennzahlen können zur Analyse der Kundenzufriedenheit in Form von Scoring-Modellen der Kundenzufriedenheit genutzt werden.[152] Qualitative Faktoren und subjektive Erwartungen werden dabei mittels Likert-Skala quantifiziert und können weiterhin gewichtet werden. Aus Gründen der Vereinfachung werden nachfolgend nur wenige (wesentliche) Merkmale tabellarisch dargestellt

Kriterien	Kunde A	Kunde B	Kunde C	Kunde D	Durchschnittliche Zufriedenheit
Termintreue	8	3	5	3	4,75
Kostenbewusstsein	9	4	6	5	6
Kreativität	10	5	7	7	7,25
persönliche Betreuung	9	4	4	6	5,75
Zufriedenheitsindex	9	4	5,5	5,25	5,94

Quelle: Eigene Darstellung in Anlehnung an Kaplan/Norton (1997); und Lister/Schierenbeck (2002), S. 47.

Tab. 4: Scoring-Modell der Kundenzufriedenheit

Die Tabelle zeigt horizontal die Zufriedenheit der Kunden sowie die durchschnittliche Kundenzufriedenheit der Kennzahlen Termintreue, Kostenbewusstsein, Kreativität und persönliche Betreuung. Vertikal gibt sie Aufschluss über die Zufriedenheit der jeweiligen Kunden im Vergleich untereinander.
Ersichtlich ist somit der hohe Zufriedenheitsindex des Kunden A im Vergleich zu Kunden B und die Zufriedenheit der Kunden mit der Leistung der Agentur hinsichtlich des Merkmals Kreativität, bzw. die scheinbar mangelnde Termintreue.

---

[152] Vgl. Lister/Schierenbeck (2002), S. 47.

3.4.3 Wahrnehmung der Dienstleistungsqualität

Die Leistungsqualität ist definiert als die Fähigkeit eines Unternehmens, mit seinen Leistungen die Kundenerwartungen zu erfüllen.[153] Neben dieser kundebezogenen Definition der (subjektiven) Qualität, existiert auch eine produktbezogene Definition, die Qualität „als die Summe bzw. das Niveau der vorhandenen Eigenschaften von Dienstleistungen" definiert.[154] Folglich soll die kundenorientierte Definition von Leistungsqualität zugrunde gelegt werden.

Die Lücke zwischen erwarteter Dienstleistung und wahrgenommener Dienstleistung wird im GAP-Modell GAP 5 genannt.[155] Auf diesem Modell baut die SERVQUAL-Methode auf.[156] Mittels dieses Verfahrens wird ein differenziertes Bild der subjektiven Kundensicht erstellt, indem die Befragten Stärken und Schwächen zu fünf Qualitätsdimensionen, die für die Wahrnehmung der Dienstleistungsqualität entscheidend sind, angeben. Die Qualitätsdimensionen bestehen aus dem tangiblen Umfeld, der Zuverlässigkeit, der Reaktionsfähigkeit, der Leistungskompetenz und dem Einfühlungsvermögen des Kundenkontaktpersonals, die wiederum in insgesamt 44 Einzelkriterien zur Bestimmung der Erwartungshaltung und der realen Eindrücke gesplittet sind. Die jeweils 22 Eindrucks- und Erwartungswerte sind dabei branchenübergreifend gleich. Die Eindrücke der wahrgenommenen Dienstleistungsqualität werden anhand einer 7-Punkte Doppelskala wiedergegeben. Die Differenz zwischen den Eindrucks- und Erwartungswerten spiegelt die wahrgenommene Qualität der Dienstleistung wider.[157]

Kritisch anzumerken ist, dass diese Faktoren nicht individuell, sondern branchenübergreifend standardisiert sind. Weiterhin kann es zu einer gewissen Erwartungsinflation kommen bzw. zum Halo-Effekt, bei dem gewisse schlechte Eigenschaften aufgrund ihrer hohen Bedeutung für den Kunden andere Aspekte überlagern. Das Modell geht von einem rational handelnden Nachfrager aus, was im Gegensatz zur Neuen Institutionenökonomik steht. Ein weiterer Kritikpunkt ist die unbegrenzte Kompensation, da Kunden gewisse Mindestanforderungen an jedes Kriterium haben, die im Modell nicht berücksichtigt sind. Dennoch ist die SERVQUAL-Methode zur Messung der Wahrnehmung der Dienstleistungsqualität der Kunden sehr weit verbreitet und die am häufigsten genannte Methode in

---

[153] Vgl. Bruhn (2009), S. 69.
[154] Vgl. Bruhn (2011), S. 69.
[155] Vgl. Abschnitt 3.5.3.
[156] Vgl. hierzu und im Folgenden Schmitt/Pfeifer (2010), S. 195.
[157] Vgl. Haller (2001), S. 32 f.

der Literatur.[158] Da die Methode relativ leicht über die Kennzahl der Dienstleistungsqualität Aufschluss gibt und durch ihre Standardisierung wiederholbar ist, kann sie im zeitlichen Verlauf Entwicklungstendenzen aufzeigen.[159]

3.4.4 Beziehungsqualität

Nach Meffert/Bruhn ist die Beziehungsqualität definiert als „die wahrgenommene Güte der Beziehung zwischen Anbieter und Kunden als ganzes – und somit die Qualität aller bisherigen Anbieter-Nachfrager-Interaktionen. Grundlage zur Beurteilung der Beziehungsqualität aus Kundensicht bildet das Vertrauen zu und die Vertrautheit mit dem Anbieter."[160] Eine hohe Beziehungsqualität reduziert nach Meffert/Bruhn die Komplexität der Transaktionen und die Unsicherheit zwischen den Beteiligten, erhöht die Effizienz und ist wichtiger Treiber der Kundenzufriedenheit. Die Beziehungsqualität ist ein komplexes Konstrukt, das abhängig ist von organisationalen und interpersonellen Determinanten.[161] Hinsichtlich der zeitlichen Orientierung sollte sie nach Georgi nicht ausschließlich vergangenheitsbezogen sein,[162] da Beziehungen nach Bruhn „als den aktuellen Zeitpunkt überdauernd aufgefasst werden sollten"[163].

3.4.5 Zwischenfazit

Die zuvor gewonnen Erkenntnisse werden exemplarisch anhand einer Zielformulierung und konkreten Vorgabe, unter Verwendung der erläuterten Kennziffern und Indikatoren, angewandt. Für die Kundenbindung wurde die Weiterempfehlungsrate als relevante und reliable Kennzahl ermittelt. Für die Wahrnehmung der Dienstleistungsqualität und die Kundenzufriedenheit wurden vielfältige Merkmale erkannt, die ebenfalls mittels Befragung gewonnen werden können. Somit ist die regelmäßige Befragung der Kunden unerlässlich für den Einsatz des PMS, um rechtzeitig Veränderungen zu erkennen und zu reagieren. Dabei ist die Beziehungsqualität entscheidend, die zwischen Kundenkontaktpersonal und Kunden besteht und sich durch Committment und Vertrauen äußert.

---

[158] Vgl. Schmitt/Pfeifer (2010), S. 195; Haller (2001), S. 32 f; und Bruhn/Stauss (2006), S. 60 f.
[159] Vgl. Haller (2001), S. 295.
[160] Vgl. hierzu und im Folgenden Meffert/Bruhn (2008), S. 98.
[161] Vgl. Bruhn (2011), S. 81.
[162] Vgl. Georgi (2000), S. 43 ff.
[163] Vgl. Meffert/Bruhn (2008), S. 99.

Ziele	Vorgaben
Hohe Kundenbindung	Weiterempfehlungsrate >90%
Hohe Kundenzufriedenheit	Durchschnittlicher Kundenzufriedenheitsindex mindestens 7,0
Überzeugende Dienstleistungsqualität	Geringe Abweichung der wahrgenommenen von der erwarteten DL.-Qualität < -0,5

Quelle: Eigene Darstellung.

Tab. 5: Beispielhafte Darstellung der Kundenperspektive

Die kritischen Erfolgsfaktoren der Kundenperspektive sind nach Analyse der vorhergehenden Abschnitte die Kundenbindung, die Steigerung der Kundenzufriedenheit und die Wahrnehmung der Dienstleistungsqualität. Diese können wie beispielhaft dargestellt, als Ziel formuliert und mittels konkreter Vorgaben operabel gemacht werden. Die Maßnahmen zur Umsetzung müssen individuell festgelegt werden, dabei können die Erkenntnisse der Kundenbefragung dienen. Da hierfür zahlreiche Merkmale relevant sein können, ist der Aufwand zur Ermittlung dieser Daten als relativ hoch einzuschätzen.

3.5 Interne Prozessperspektive

Die interne Prozessperspektive dient der Identifikation und Optimierung „kritischer Prozesse".[164] Gemeint ist hiermit eine stetige Verbesserung der Leistungsfähigkeit zur Steigerung der Kundenzufriedenheit. Der KPI der internen Prozessperspektive ist die Leistungsqualität.[165] Diese lässt sich durch Kennzahlen im Hinblick auf die Leistungsfähigkeit und Effizienz der Mitarbeiter operationalisieren.[166] Die Service-, bzw. Dienstleistungsqualität, wird unterteilt in die Potenzial-, die Prozess- und die Ergebnisdimension. Aufgrund der Integration des externen Faktors kommt der Prozessdimension eine besondere Bedeutung zu.[167]

---

[164] Vgl. Lister/Schierenbeck (2002), S. 47.
[165] Vgl. Abschnitt 2.2.3
[166] Vgl. ebenda.
[167] Vgl. Benkenstein/Stenglin (2005), S. 67.

3.5.1 Leistungsfähigkeit durch Qualitätsmanagement

Die Leistungsfähigkeit bzw. die Qualität der Leistung werden auf Grundlage der Kundenanforderungen bestimmt. Die QM-Norm DIN EN ISO 9000 legt acht Grundsätze des Qualitätsmanagements fest, deren Beachtung und Einhaltung zur Leistungssteigerung einer Organisation führen:[168]

4. Kundenorientierung
5. Führung
6. Einbeziehen der Personen
7. Prozessorientierter Ansatz
8. Systemorientierter Managementansatz
9. Ständige Verbesserung
10. Sachbezogener Ansatz zur Entscheidungsfindung
11. Lieferantenbeziehung zum gegenseitigen Nutzen

Durch die Einbindung des externen Faktors in den Leistungserstellungsprozess, ergeben sich insbesondere die Notwendigkeit und der Fokus auf die Prozessorientierung sowie die ständige Verbesserung.[169] Die Steigerung der Effektivität und Effizienz sowie der Qualität- und der Wettbewerbsfähigkeit ist nach Schmitt/Pfeiffer „...kein begrenztes Projekt, das mit der Einführung eines QM-Systems endet. Vielmehr gilt es, sich nicht mit den erreichten Verbesserungen zufrieden zu geben, sondern permanent hinzu zu lernen, um sich kontinuierlich zu verbessern."[170] Da im Rahmen des Qualitätsmanagements, (und analog im Agenturmanagement) die Einbindung der Mitarbeiter entscheidend ist, müssen ihnen nach Schmitt/Pfeiffer auch besondere Befugnisse erteilt werden. Dazu gehört:[171]

- Das Bisherige kritisch zu hinterfragen.
- Jegliche Verschwendung im eigenen Bereich zu beseitigen.
- Unaufgefordert Vorschläge zu machen.
- Offen zu sein für die Vorschläge der Kollegen.
- Fehler sofort zu korrigieren und keine Ausreden zuzulassen.

---

[168] Vgl. Schmitt/ Pfeiffer (2010), S. 275 f.
[169] Vgl. Benkenstein/Stenglin (2005), S. 67.
[170] Vgl. Schmitt/Pfeiffer (2010), S. 289.
[171] Vgl. hierzu und im Folgenden ebenda, S. 290 f.

- Keinen Schuldigen für ein Problem zu suchen, sondern das Problem als Verbesserungsmöglichkeit zu nutzen.
- Nicht nur perfekte, sondern vor allem schnell zu realisierende Lösungen zu suchen und zu akzeptieren.
- Sich mit den erreichten Verbesserungen nicht zufrieden zu geben, sondern weiterzumachen.

Nach Schmitt/Pfeiffer zeigen Unternehmen, die ein systematisches Qualitätsmanagement eingeführt haben, dass langfristig entscheidende Verbesserungen der Leistungsfähigkeit, die letztlich zur Steigerung der Wettbewerbsfähigkeit geführt haben, erzielt werden konnten. Die Aufgaben und Vorteile anhand des Beispiels der Mitarbeitergespräche, ergeben sich nach Schmitt/Pfeiffer wie folgt:

Aufgaben	Vorteile
Beurteilung der Leistungen	Stärkere Zielorientierung
Anerkennung von Engagement	Höhere Motivation
Beurteilung der Fähigkeiten	Gezielte Schulungen
Äußern von persönlichen Plänen und Zielen	Frühzeitige Personalplanung
Einbringen neuer Ideen	Anstoß von Innovationen
Vereinbarung von Zielen	Bessere Identifikationen mit Zielen
Diskussion von Problemen	Erkennen von Verbesserungspotenzialen

Quelle: Schmitt/Pfeiffer (2010), S. 291.

Tab. 6: Aufgaben von Vorteile von Mitarbeitergesprächen

Das Qualitätsmanagement strebt nach ständiger Verbesserung. Mit steigender Perfektion nimmt jedoch der zeitliche und personelle Aufwand überproportional zu. Somit ist ein Kompromiss anzustreben, der die Ziele des Qualitätsmanagements bestmöglich erfüllt und dabei wirtschaftlich ist.[172]

---

[172] Vgl. Schmitt/Pfeiffer (2010), S. 289.

3.5.2 Messung der Dienstleistungsqualität am Beispiel des Service Blueprints

Um die Integration des Kunden, bzw. die Strukturierung der Dienstleistung aus Nachfragersicht abzubilden bzw. die Dienstleistungsqualität zu messen, hat sich in der wissenschaftlichen Diskussion das **Service-Blueprinting** durchgesetzt.[173] Der Dienstleistungsprozess wird dabei grafisch abgebildet und visualisiert Punkte, an denen es zur Interaktion mit dem Kunden kommt. Dabei zeigt eine Trennlinie, auch „Line of visibility" genannt, diejenigen Prozessaktivitäten, die der Kunde wahrnimmt und in die er integriert ist. Dieses Grundmodell von Shostack wurde seit den 1980er Jahren weiterentwickelt und mit der „Line of interaction", „Line of perception" und „Line of implementation" differenziert. Die Prozesse des Blueprints können der Ermittlung von Qualitätskosten dienen und liefern wertvolle Informationen für das Qualitätscontrolling, indem die Prozessaktivitäten oberhalb der „Line of perception" zu Prozessmodulen zusammengefasst werden und mittels Befragung durch den Kunden hinsichtlich der wahrgenommenen Dienstleistungsqualität bewertet werden. Ein Prozessmodul ist zu verstehen als „eine abgeschlossene logische Einheit, die einen sinnvoll und eindeutig abgegrenzten Teil eines Geschäftsprozesses" widerspiegelt.[174] Nach Benkenstein eignet sich diese Vorgehensweise insbesondere für komplexe Dienstleistungen. Durch die prozessorientierte Vorgehensweise kann die Qualität von Aktivitäten überprüft und mittels Qualitätsindices als Information verdichtet, bzw. im Ergebnis ein Gesamtqualitätsurteil ermittelt werden. Durch den weiteren Einbezug von Prozesskosten auf Aktivitätenebene lassen sich Qualitätsurteile und Qualitätskosten ermitteln, die eine integrierte Kosten-Nutzen-Analyse ermöglichen. Dazu Schmitt/Pfeiffer: „Mit der Erfassung und Auswertung von qualitätsbezogenen Kosten stehen Kenngrößen zur Verfügung, die der Qualitätslenkung bzw. dem Qualitätsmanagement Hinweise auf Schwachstellen im Unternehmen geben können. Aus den Zielen der Steuerung und Kontrolle der Wirtschaftlichkeit sowie der Information der Führung leiten sich Aufgaben der qualitätsbezogenen Kostenuntersuchungen ab. Im Bereich des Qualitätsmanagements werden eine Vielzahl von Methoden und Techniken angeboten, mit denen identifizierte Schwachstellen beseitigt oder zumindest in ihre negative Wirkung reduziert werden können. Der effiziente Einsatz dieser Methoden setzt jedoch die Ermittlung der Fehlerursa-

---

[173] Siehe dazu und im Folgenden Benkenstein/Stenglin (2005), S. 58.
[174] Vgl. Scheer et al. (2003), S. 19 f.

chen auf Basis einer wertmäßigen Betrachtung voraus."[175] Dem Qualitätsmanagement kommt folglich die Aufgabe zu, die Schwachstellen sichtbar zu machen, Ursachen zu identifizieren und dies insbesondere durch die prozessorientierte Sicht auf die Leistungserstellung, die durch den externen Faktor „Kunde" resultiert.[176]

3.5.3 Perceived Quality am Beispiel des GAP-Modells

Die wahrgenommene Dienstleistungsqualität kann auch anhand des GAP-Modells beschrieben und gemessen werden. Während beim Service-Blueprint die Interaktionspunkte zwischen Kunden und Agentur individuell durch die jeweiligen Prozesse beschrieben werden, vereinfacht das GAP-Modell durch fünf Lücken, die zwischen Aufnahme der Kundenerwartungen, Entwicklung der Leistung und anschließender Erbringung entstehen.[177]

- GAP 1 beschreibt die Lücke zwischen Kundenerwartung und wahrgenommener Kundenerwartung hinsichtlich der Leistung.
- In GAP 2 geht es um die mangelhafte Übertragung der Kundenerwartungen in Leistungsspezifikationen.
- GAP 3 beinhaltet die mangelhafte Umsetzung der Leistung durch die Mitarbeiter.
- GAP 4 beschreibt den mangelhaften Abgleich zwischen der versprochenen und der erbrachten bzw. erlebten Leistungsqualität.
- GAP 5 ist das Maß der vom Kunden wahrgenommenen Dienstleistungsqualität. Je kleiner die Lücke, desto höher ist dabei die Qualität.

3.5.4 Zwischenfazit

Die interne Prozessperspektive verfolgt die Sicherstellung und ständige Verbesserung der Leistungsfähigkeit. Zur beispielhaften Anwendung werden daher insbesondere die Schwachstellen der Gap 2-4 herangezogen, da diese innerhalb der Kundenperspektive nur allgemein angesprochen wurden. Individuell können analysierte Schwachstellen im Prozess (die beispielsweise durch Verbesse-

---

[175] Vgl. Schmitt/Pfeiffer (2010), S. 516.
[176] Vgl. ebenda, S. 517; und Benkenstein/Stenglitz (2005), S. 67.
[177] Vgl. dazu und im Folgenden Schmitt/Pfeiffer (2010), S. 151.

rungsvorschläge oder Kundenkritik aufgenommen wurden) als Zielvorgabe in diese Perspektive miteinfließen. Dadurch können agenturindividuelle Probleme behoben werden.

Ziele	Vorgaben
Verbesserung Gap 2	Verdopplung der Kundenzufriedenheit in Gap 2
Verbesserung Gap 3	100% der Kundenpräsentationen werden vor dem Kundentermin intern freigegeben und vor dem Team präsentiert.
Verbesserung Gap 4	Alle Korrekturschleifen werden dokumentiert und werden in Mitarbeitergesprächen analysiert.

Quelle: Eigene Darstellung.

Tab. 7: Beispielhafte Darstellung der internen Prozessperspektive

Die Tabelle zeigt den Anspruch der kontinuierlichen Verbesserung durch die Verkleinerung der Abweichungen. Zusätzlich können und sollten nach Kaplan/Norton bei übertreffen dieser Vorgaben Belohnungen den Anreiz geben, nicht nur „das Nötigste" zu erreichen, obwohl Potenzial für mehr gegeben ist. Daher müssen die Vorgaben möglichst aktionsgebunden sein, um zusätzlich Motivation und Anreiz für Leistung zu schaffen.[178]

3.6 Lern- & Entwicklungsperspektive

Die Mitarbeitertreue bildet zusammen mit der Mitarbeiterzufriedenheit und Mitarbeiterproduktivität nach Kaplan/Norton den Rahmen für die Lern- und Entwicklungsperspektive.[179] Die Befähiger-Kriterien[180] sind u. A. das Personalpotenzial, die technologische Infrastruktur und das Arbeitsklima.[181] Weiterhin soll der besondere Aspekt der Definition der Kreativagentur „i.e.S." durch die Position innerhalb der Award-Rankings zum Tragen kommen, da diese wie bereits erläutert,

---

[178] Vgl. Biermann (2005), S. 248 f.
[179] Vgl. Schierenbeck/Lister (2002), S. 49 f.
[180] Vgl. Abschnitt 2.2.4, insbesondere die Darstellung des EFQM-Modells, das den konzeptionellen Rahmen für *Befähiger-* und *Ergebnis*kriterien beschreibt.
[181] Vgl. Kaplan/Norton (1997), S. 124.

sowohl Einfluss auf die verfügbaren Mitarbeiter am Arbeitsmarkt, als auch auf die Kundenperspektive hat.

3.6.1 Fluktuationsquote/ Mitarbeitertreue

Die Bedeutung der Mitarbeitertreue für die Agenturen wurde bereits erläutert. Eine ungewollte Kündigung bedeutet nach Kaplan/Norton einen Verlust des intellektuellen Kapitals.[182] Insbesondere die Stammmitarbeiter, also diejenigen, mit direktem Einfluss auf die Leistungserstellung, müssen Berücksichtigung finden.

Die Berechnung ist möglich durch das Verhältnis von MA-Abgängen einer Periode und der Gesamtanzahl MA zu Beginn der Periode. Da bei der Fluktuationsquote sämtliche Arten von Abgängen erfasst werden (z.B. auch Kündigung seitens des Arbeitgebers oder Eintritt in den Ruhestand), ist für einen Rückschluss auf die Mitarbeiterzufriedenheit zusätzlich der Anteil der Eigenkündigungen relevant. Sie bezieht sich allein auf den Anteil an MA-Kündigungen einer Periode zur Gesamtzahl an Mitarbeitern zu Beginn der Periode. Doch die Fluktuation ist gerade in der Werbebranche Segen und Fluch zugleich - Sir Martin Sorrell, CEO der Kommunikationsholding WPP, brachte es im Rahmen eines Vortrags an der Berlin School of Creative Leadership auf den Punkt: „Die Werbebranche schafft es nach wie vor nicht, ihre Leute auszubilden. Stattdessen stehlen wir die guten Leute vom Mitbewerber. We fail to train. This way we kill our industry." Die Notwendigkeit, Mitarbeiter zu halten und weiter zu entwickeln, wurde bereits erkannt.[183] Maßgeblich für die Betrachtung der Fluktuation einer Kreativagentur ist insbesondere das Kundenkontaktpersonal und die Kreation, da diese den größten Einfluss auf den Leistungserstellungsprozess und die Kundenzufriedenheit haben. Doch auch die innerbetrieblichen Prozesse (und deren Qualität), haben Einfluss auf die Zufriedenheit der Mitarbeiter und somit die Fluktuation. Agenturen tendieren jedoch dazu, sich kreative Talente lieber dazu zu kaufen, anstatt selbst auszubilden und zu qualifizieren. Grund hierfür ist mit, dass sich verschiedene Agenturen oft gut im Lebenslauf machen.[184] Allerdings hat die Kennzahl Fluktuation laut der Hans-Böckler-Stiftung im Hinblick auf ihre Interpretationsspielräume weitere Schwierigkeiten, denn die Ursachen für den Wechsel sind schwer erfassbar bzw. womöglich nicht mehr aktuell, da aufgrund der Kündi-

---

[182] Vgl. ebenda, S. 125.
[183] Vgl. http://www.horizont.at.
[184] Vgl. ebenda.

gungsfristen eine längere Zeitspanne zwischen Kündigung und Austritt liegen kann. Ebenso verbleiben unzufriedene Mitarbeiter im Unternehmen, wenn die wirtschaftliche Situation einen Wechsel auf dem Arbeitsmarkt nicht ermöglicht.[185] Daher ist die Fluktuation ein (Spät-)Indikator, der im Zusammenhang mit weiteren Personalkennzahlen interpretiert werden muss.

3.6.2 Mitarbeiterzufriedenheit

Die Mitarbeiterzufriedenheit ist insbesondere in der Arbeits- und Organisations-psychologie, aber auch in der Betriebswirtschaftslehre, ein vielfach gebrauchter Begriff, der dennoch keine allgemeingültige Definition hervorgebracht hat. Je-doch scheinen insbesondere zwei Kernelemente von wesentlichem Einfluss auf die Vielzahl der Definitionen der letzten Jahrzehnte gewesen zu sein.[186] Zu die-sem Ergebnis kommt auch Weber: Zum einen sei dies eine emotionale Kompo-nente im Sinne einer Einstellung zur Arbeit und zum anderen eine kognitive Komponente, als Ergebnis eines Soll-Ist Vergleichs hinsichtlich des erwarteten Arbeitsumfeldes und des tatsächlich wahrgenommenen Arbeitsumfeldes.[187] So-mit sind verschiedene Faktoren für die Mitarbeiterzufriedenheit verantwortlich, diese sind zur Übersicht in nachfolgender Abbildung dargestellt.

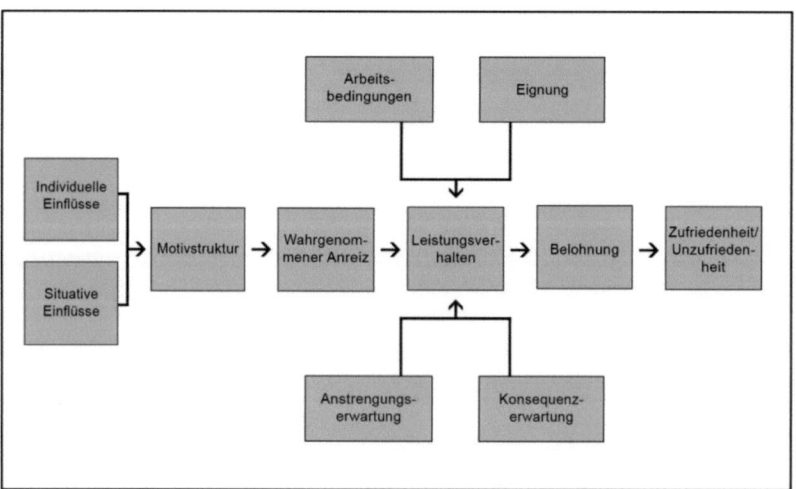

Quelle: Eigene Darstellung in Anlehnung an Schreyer (2007), S. 191.

Abb. 10: Faktoren des Motivationsprozesses

---

[185] Vgl. http://www.boeckler.de/.
[186] Vgl. Stock-Homburg (2011), S. 18 f.
[187] Vgl. Weber/Pfennig (2009), S. 17.

Aus dem Zusammenwirken der individuellen Eigenschaften einer Person und den spezifischen situationsbedingten Motiven resultiert Motivation.[188] Die augenscheinlichen Eigenschaften einer Situation werden als Anreize, die Motive eines Individuums zu aktivieren, wahrgenommen und folglich wird das Verhalten in seiner Intensität, Entwicklung, Art und Weise sowie Dauer bestimmt.[189] In Bezug auf die Einflussfaktoren der *Motivation* (des *Wollens*) herrscht in der Literatur keine einheitliche Meinung. Neben der Motivation sind z.B. Werte und Einstellungen, Instinkte und Triebe sowie Erwartungshaltung und Anspruchsniveau bzw. Bedürfnisse und Motive Faktoren, die die Motivation maßgeblich beeinflussen.[190] Es kann jedoch unterschieden werden in **Inhalts- und Prozesstheorien**. Nach Schreyer betonen Inhaltstheorien die Identifizierung der Sachverhalte, die die individuelle Arbeit spezifisch motivieren, während Prozesstheorien sich damit beschäftigen, wie Motivation angeregt, gelenkt und erhalten wird.[191] Bei der Gegenüberstellung der gängigsten Inhaltstheorien (siehe dazu Herzberg[192], Alderfelder[193], Maslow[194] und McClelland[195]) ist zu erkennen, dass die Autoren der abgebildeten Theorien teilweise überschneidende und teilweise unterschiedliche Faktoren nennen, die Individuen motivieren können. Die Arbeits- und Organisationspsychologie unterscheidet weiterhin in intrinsische und extrinsische Motiva-

---

[188] Vgl. Schreyer (2007), S. 191 und weitere Quellenangaben dort.

[189] Vgl. Rosenstiel (2003), S. 226.

[190] Vgl. Schreyer (2007), S. 190.

[191] Vgl. Mullins (1996), S. 488.

[192] Vgl. Herzberg et al. (1959), S. 113 ff; und Schreyer (2007), S. 192. Herzbergs Theorie beruht auf der Befragung von 200 Ingenieuren und Buchhaltern zu angenehmen und unangenehmen Arbeitssituationen. Da jeweils unterschiedliche Faktoren benannt wurden, folgerte Herzberg, dass diese beiden Zustände durch unterschiedliche Faktorgruppen ausgelöst werden, nämlich Hygienefaktoren, (die nur Unzufriedenheit auslösen können aber keine Zufriedenheit bewirken) und Motivatoren (die Zufriedenheit auslösen und intrinsische Bedürfnisse befriedigen).

[193] Vgl. Vgl. Alderfer (1969), S. 142 ff; von Rosenstiel (2003), S. 365; und Schreyer (2007), S. 192. Die Theorie von Alderfer ist aufgebaut in drei Gruppen von Bedürfnissen, Existenz-, (grundlegende Bedürfnisse zur Sicherung der materiellen Existenz) Wachstums- (Bedürfnisse der persönlichen Entwicklung, Selbstverwirklichung, Leistung, Selbstvertrauen und Selbständigkeit) und Kontaktbedürfnisse (Beziehungsbedürfnisse, Zuneigung, Bedürfnis nach Anerkennung). Im Gegensatz zu Maslow stellte Alderfer kein fixes hierarchisches Modell auf, da mehrere Bedürfnisse gleichzeitig aktiviert sein können und bereits befriedigte Bedürfnisse noch motivier end wirken können, wenn andere bereits befriedigt sind.

[194] Vgl. Maslow (1977), S.62 ff; und Schreyer (2007), S. 192. Die Bedürfnispyramide nach Maslow ist ein hierarchisches Konstrukt, dass Bedürfniskategorien in fünf Klassen einteilt: Auf unterster Ebene stehen existenzielle Grundbedürfnisse, gefolgt von Sicherheitsbedürfnissen, sozialen Bedürfnissen, Bedürfnissen der Anerkennung und an oberster Stelle Bedürfnisse der Selbstverwirklichung. Nach Maslow ist davon auszugehen, dass ein Bedürfnis solange verfolgt wird, bis es vollständig befriedigt ist. Ebenso können ranghöhere Bedürfnisse erst befriedigt werden, wenn die darunter liegenden weitgehend erfüllt sind.

[195] Vgl. McClelland (1988); und Schreyer (2007), S. 193. McClellands Motivliste basiert auf der Theorie, dass die meisten menschlichen Bedürfnisse erlernt sind. Wesentliche Faktoren sind nach McClelland vor allem das Leistungsstreben, das Bedürfnis nach Zugehörigkeit, Macht und das Vermeidungsstreben. Die Motive des Verhaltens sind dabei durch Sozialisation, Erfahrungen und die gegenwärtige Arbeitssituation geprägt.

tion: „The term intrinsic motivation refers to the performance of an activity in order to attain some separable outcome, and, thus, contrasts with intrinsic motivation, which refers to doing an activity for the inherent satisfaction of the activity itself."[196]

Die **Prozesstheorien** der Motivation leiten Verhaltensweisen durch kognitive Prozesse ab. Die wesentlichen Theorien sind nach Schreyer die Equity-[197], Zielsetzungs-[198] und die VIE-Theorie, ihre Zielsetzung ist die Identifikation des Verhältnisses der dynamischen Variablen, die zu Motivation führen. Die Equity-Theorie basiert auf dem Vergleich der Mitarbeiter zu Input/Output-Verhältnis der Leistung von anderen Mitarbeitern und deren Honorierung. Der Vergleich führt dann zu einer Absenkung der eigenen Anstrengung, wenn die Situation als ungerecht empfunden wird, wenn also das Verhältnis von Aufwand zu Ertrag bei anderen Mitarbeitern kleiner ist. Locke beschreibt die Motivation von Individuen in Bezug auf ein Ziel wie folgt: „Having a goal, affects task performance, because it leads people to do things that produce this performance".[199] Die Motivation wird dabei durch zwei Faktoren beeinflusst: das Verlangen, das Ziel zu erreichen und die Schwierigkeit, dieses Ziel zu erreichen. Dazu haben diverse Studien belegt, dass die Leistung größer ist, je schwieriger das Ziel, und, das spezifische Ziele zu größerer Leistung führen als unspezifische oder nicht quantitativ beschriebene Ziele.[200] Die Valenz-Instrumentalitäts-Erwartungs-Theorie besagt, dass die Motivation eine Funktion zweier Verhältnisse (das Verhältnis von Aufwand und Ertrag zum einen und dem von Ertrag und Nutzen zum anderen) darstellt.[201] Die VIE-Theorie wurde von Vroom entwickelt, von Porter und Lawler überarbeitet und von Lawler modifiziert. Porter und Lawler stellten Zusammenhänge zwischen Motivation, Leistung und Zufriedenheit her. Ihrem Modell zufolge stellt sich Zufriedenheit nur dann ein, wenn die tatsächliche Honorierung der Leistung auch der erwarte-

---

[196] Ryan/Deci, zitiert nach Ramseier (2004), S. 64.

[197] Vgl. Adams (1965), S. 267 ff. Die Equity-Theorie nach Adams ist eine Prozesstheorie der Sozialpsychologie, die den Entstehungsprozess der Motivation erklärt. Sie beinhaltet die Annahme, dass Individuen in sozialen Beziehungen nach Gegenleistungen für ihren Einsatz trachten. Finden sie diese nicht vor, entsteht ein Ungleichgewicht, das durch unterschiedliche Reaktionen ausgeglichen wird, Kompensation oder Abwertung. Die Variablen, die diese Reaktion bewirken, sind Inputs (Zeit, Erfahrung) und Outputs (Entlohnung, Sympathie). Der subjektive Vergleich des Individuums führt im Ergebnis der Relation zu einem Vergleich (z.B. einem Kollegen), ergibt dieser Maßstab keine motivationale Wirkung, entsteht Spannung.

[198] Vgl. Locke/Latham (2002), S. 705 ff.

[199] Vgl. Locke (1990), S. 86.

[200] Vgl. Krause (2005), S. 42.

[201] Vgl. Vroom (1964), S. 245 ff.

ten entspricht oder diese übertrifft.[202] Wenn die Erwartung der Betroffenen nicht erfüllt wird, stellt sich Unzufriedenheit ein. Nach Lawler ist der zu betreibende Aufwand von der Wahrscheinlichkeit abhängig zu machen, mit dem dieser Auftrag einen verbesserten Ertrag zum Ergebnis hat und der des Weiteren abhängig von der Wahrscheinlichkeit ist, dass die verbesserte Leistung auch honoriert wird.

Auf Basis der voran genannten Faktoren kann ein Mitarbeiterzufriedenheitsindex durch Befragungen errechnet werden, der als Frühindikator bei regelmäßiger Befragung über Veränderungen Aufschluss gibt. Der Index wird durch Gewichtung der gewählten Faktoren ermittelt, deren Bereichsergebnisse aufaddiert werden.

Theorie	Bedürfnishierachie	Motivationales Konzept	ERG Theorie	Zwei-Faktoren Theorie
	Physisch-biologisches Überleben	Bedürfnis nach Leistung	Existenz-bedürfnisse	Hygienefaktoren
	Sicherheit			
	Soziale Beziehungen	Bedürfnis nach Zugehörigkeit	Wachstums-bedürfnisse	
	Leistung	Bedürfnis nach Macht	Kontakt-bedürfnisse	Motivatoren
	Selbstverwirklichung	Vermeidungsstreben		
Begründer	Maslow	McClelland	Alderfer	Herzberg

Quelle: Eigene Darstellung in Anlehnung an Mullins (1996), S. 494.

Abb. 11: Vergleich von Inhaltstheorien der Motivationslehre

Die Mitarbeiterzufriedenheit gilt als notwendiger Bestandteil von Performance Measurement-Systemen.[203] Sie ist jedoch „als theoretisches Konstrukt […] einer unmittelbaren Messung nicht zugänglich. Je nach Konzeptualisierung und Messung der Mitarbeiterzufriedenheit ist sie als kognitives Zufriedenheitsurteil eine Gesamtbeurteilung der Arbeitssituation, die aus der Aggregation der Einzelzufriedenheiten mit den jeweils relevanten Merkmalen der Arbeitssituation resultiert."[204] So kann nach Schmitz beispielsweise die Zufriedenheit der *wahrgenommenen Unterstützung* durch Teamkollegen, durch Führungskräfte, durch

---

[202] Vgl. Schreyer (2007), S. 196.

[203] Vgl. Gemmel et al. (2003), S. 380.

[204] Vgl. Schmitz (2004), S. 21.

andere Abteilungen und effektive Tools erfasst werden, deren Bedeutung empirisch belegt ist.[205] Nach Rohbock ist die *Beteiligung* der Mitarbeiter *an Entscheidungsprozessen* der Agentur ein Kriterium, das im Rahmen der Zufriedenheitsanalyse zu betrachten ist.[206] Das *Empowerment*, also die Gestaltungs- und Entscheidungsfreiräume, sowie die dazu notwendigen Informationen, Kompetenzen, Entscheidungsunterstützungssysteme und Anreize, um die erweiterten Entscheidungsbefugnisse im Sinne der Agentur ausüben zu können, sind ebenfalls typische Kriterien der Dienstleistungskategorie B[207], die die Zufriedenheit der Mitarbeiter beeinflussen.[208] Die erfolgreiche Implementierung des Empowerment bewirkt nach Spreitzer ein sogenanntes *psychologisches Empowerment*, das als wahrgenommene Job-Autonomie bzw. Ausmaß der wahrgenommenen Unabhängigkeit und Freiheit bei der Erfüllung beruflicher Aufgaben verstanden wird.[209] Nach Van Looy et al. trägt sie somit „dem Bedürfnis nach selbst bestimmten Handeln Rechnung und wird als Ansatzpunkt zur Verstärkung intrinsischer Motivation gesehen."[210]

3.6.3 Mitarbeiterperformance

Performance Measurement bedeutet im Allgemeinen: Messung und Lenkung unterschiedlicher Unternehmensobjekte.[211] Die Mitarbeiterperformance bezieht sich nach Schmitz auf das **Leistungspotenzial**, den **Leistungserstellungsprozess** und die **Leistungsergebnisse**.[212] Das Leistungspotenzial umfasst dabei sowohl die *Fach- und Methodenkompetenz* als auch die *Sozialkompetenz* und die *Leistungsbereitschaft*. Der Leistungserstellungsprozess bezieht sich insbesondere auf die *fachlichen* bzw. *kreativen Fähigkeiten* und auf die *sozial-emotionalen Fähigkeiten*. Das Leistungsergebnis umfasst die *wahrgenommene Dienstleistungsqualität* und die *Produktivität*.

Die Fach- und Methodenkompetenz des Leistungspotenzials leitet sich als Vorgabe ab aus der Erwartungshaltung der Kunden an das Unternehmen, der unter-

---

[205] Vgl. Bruhn/Stauss, (2005), S.172; und weitere Quellenangaben dort.

[206] Vgl. Abschnitt 2.2.3.

[207] Schmitz spezifiziert dies durch einen durch Diskontinuität geprägtes Wettbewerbsumfeld, hochgradig komplexe Dienstleistungen und das Bestreben nach einem individualisierten Dienstleistungsangebot. Vgl. Schmitz (2005), S. 173.

[208] Vgl. Schmitz (2005), S. 172.

[209] Vgl. Spreitzer (1995), S. 1442 ff.

[210] Vgl. Van Looy (2003), S. 232 ff.

[211] Vgl. Grüning (2002), S. 3, 21.

[212] Vgl. Schmitz (2005), S. 167.

nehmensspezifischen Ausrichtung und der der jeweiligen Rolle zugrunde geleg-ten Aufgaben (z.B. anhand der Stellenbeschreibung konkretisiert).[213] Fachkom-petenzen beschreiben nach Schmitz die aus fachlichen Fähigkeiten und Fakten-wissen resultierenden Fähigkeiten, die jeweilige berufliche Anforderung zu meis-tern. Methodenkompetenz beschreibt die Fähigkeit zur Lösung einer Aufgabe mit jeweils geeigneten Methoden diese anzuwenden. Die Konkretisierung dieser An-forderungen erfolgt weiterhin nach Schmitz unternehmensspezifisch, nachfolgend seien daher exemplarisch die Anforderungen des Kundenkontaktpersonals hin-sichtlich der sozialen Kompetenzen einer Agentur (ermittelt in einer qualitativen Analyse) für die drei Bereiche der Mitarbeiterperformance dargestellt.[214]

Potenzialorientierte Anforderungen	Prozessorientierte An-forderungen	Ergebnisorientierte Anforderungen
Belastbarkeit	Klare Ausdrucksweise	Zuverlässigkeit
Stresstoleranz	Einfühlungsvermögen	Genauigkeit
Beharrungsvermögen	Kommunikationsfähigkeit	Pünktlichkeit
Geistige Flexibilität	Kontaktfähigkeit	Erreichbarkeit
Qualifikationen	Selbstbeherrschung	Entscheidungsfähigkeit
Energie	Empathie	Flexibilität
Selbständigkeit	Eigeninitiative	Kritikfähigkeit

Quelle: Eigene Darstellung in Anlehnung an Meffert/Bruhn (2003), S. 590.

Tab. 8: Anforderungen an soziale Kompetenzen von Kundenberatern

Die Leistungsbereitschaft kennzeichnet die Absicht des Mitarbeiters, seine Kom-petenzen einzusetzen und erfasst seine Willensstärke, diese Absicht auch bei möglichen Widerständen zu realisieren.[215] Zur Charakterisierung der Leistungs-bereitschaft von Kundenberatern wird oft auch der Begriff der *Kundenorientie-rung* genutzt, welche die Konzentration auf den Kunden und seine Anforderun-gen sowie die stetige Verbesserung des Kundennutzens beschreibt.[216] Ein Kon-strukt der Kundenorientierung ist die Organizational Citizenship Behaviour Inten-tion (OCBI). Dies ist die selbst bekundete Bereitschaft von Kundenkontaktmitar-beitern, ihr beruflich relevantes Verhalten an der Erzielung von Kundenvorteilen

---

[213] Vgl. ebenda, S. 162 f.
[214] Vgl. Rohbock (2006), S. 104; und Meffert/Bruhn (2003), S. 590.
[215] Vgl. Borchert (2004), Sp. 1083.
[216] Vgl. Schmitz (2005), S. 163.

auszurichten. Es ist dreidimensional konzeptualisiert: Zum einen umfasst es die Kundenorientierung als Bereitschaft, das gesamte berufsbezogene Handeln an der Verbesserung des Kundennutzens auszurichten. Weiterhin beinhaltet es die Loyalitätsorientierung als Bereitschaft, die Unternehmenspolitik uneingeschränkt zu unterstützen und dem Unternehmen als Mitarbeiter dauerhaft treu zu bleiben sowie als dritte Komponente die Kooperationsorientierung als Bereitschaft zur Erstellung, Entwicklung und Verbesserung von Dienstleistungen mit Kunden, Kollegen und Lieferanten zusammenzuarbeiten.

Ansatzpunkte zur Planung des Leistungsergebnisses können die wahrgenommeine Dienstleistungsqualität[217] (die auch während der Leistungserstellung eine nicht unbedeutende Rolle spielt) und die Produktivität sein.[218] Ebenso kann das Ergebnis in Form einer Auszeichnung bei einem Kreativwettbewerb honoriert werden (und somit für die Kreations-Mitarbeiter als Ansatz der Bewertung der Leistung dienen). Dennoch ist die Mitarbeiterperformance nicht in allen Dimensionen unmittelbar beobachtbar, messbar oder kontrollierbar (so z.B. individuell verankerte Kompetenzen in Form impliziten Wissens).[219] Da Dimensionen der theoretischen Konstrukte zum Teil nicht messbar sind, müssen formale Indikatoren Berücksichtigung finden, die tatsächlich valide und reliable Rückschlüsse auf die individuell zurechenbaren Leistungsfaktoren ermöglichen. In diesem Zusammenhang ist es wichtig, tatsächlich alle für die Agentur relevanten Faktoren zur Personalbewertung hinzuzuziehen, da nicht kontrollierte und gemessene Faktoren sonst unkontrolliert von den Mitarbeitern vernachlässigt werden.[220]

Kaplan/Norton zählen zu den Erfolgsfaktoren der Lern- und Entwicklungsperspektive u. A. die Weiterbildung der Mitarbeiter, z.B. messbar durch die von ihnen in diesem Zusammenhang vorgeschlagene Kennzahl der „strategic job coverage".[221] Sie drückt das Verhältnis aus, zwischen der Anzahl an Mitarbeitern, die für besondere strategische Aufgaben qualifiziert sind und dem angenommenen Bedarf an qualifizierten Mitarbeitern. Daneben nennen sie das Verhältnis von Vorschlägen zur Verbesserung interner Prozesse und die Anzahl umgesetzter Verbesserungen.[222]

---

[217] Vgl. Abschnitt 3.4.1 zur wahrgenommenen Dienstleistungsqualität.
[218] Vgl. Schmitz (2005), S. 165.
[219] Vgl. Schmitz (2005), S. 168.
[220] Vgl. Ebenda, S. 169.
[221] Vgl. Kaplan/Norton (1997), S. 127 f.
[222] Vgl. ebenda, S. 131 f.

3.6.4 Mitarbeiterproduktivität

Die Mitarbeiterproduktivität wird zum einen ausgedrückt durch die Wertschöpfung im Verhältnis zur Gesamtanzahl der Mitarbeiter.[223] Der im Betrachtungszeitraum geschaffene Wert bzw. das erzielte Einkommen wird je Mitarbeiter ermittelt und zeigt somit die Arbeitskraft. Alternativ kann zur Beurteilung der Umsatz im Verhältnis der MA-Anzahl berechnet werden. Da die Wertschöpfung Vorleistungen abzieht, hat sie prinzipiell die höhere Aussagekraft als die allgemeinere Umsatzbetrachtung.[224] Die Bewertung der Kennzahl ist jedoch schwierig, da sie keine Betrachtung der Kundenzufriedenheit mit einbezieht. Ebenso wird der Anteil der Kundenmitwirkung nicht berücksichtigt. Durch seine Vorstellungen und Wünsche steuert der Kunde in entscheidendem Maße zur Leistungserstellung bei. Die Interaktion zwischen Kunde und Mitarbeiter hat daher Einfluss auf die Produktion der Dienstleistung und deren Produktivität.[225] Nach Kaplan/Norton hat die Berechnungsweise in Bezug auf den Umsatz auch das Problem zur Folge, dass sinkende Gewinne trotz erhöhter Umsatzrentabilität entstehen können, die aufgrund von erhöhten Kosten die Kennzahl täuschen.[226] Somit muss die Mitarbeiterproduktivität in die BSC einbezogen werden, weitere Kennzahlen wie der Gewinn/ Mitarbeiter und die Kundenzufriedenheit jedoch auch berücksichtigt werden. Die Kennzahl kann daher nicht singulär, sondern nur in Zusammenhang mit den weiteren definierten KPIs interpretiert werden.

3.6.5 Kreativranking

Der Gesamtverband Kommunikationsagenturen über Rankings: „Es gibt eine Vielzahl von Rankings für die Werbebranche. Rankingkriterium ist oft das kreative Potenzial einer Agentur, das anhand gewonnener Kreativ-Awards wie ADC Nägel oder Cannes Lions gemessen wird. Ein weiteres Kriterium kann auch die Effizienz einer Agentur sein. Hier wird unter anderem der GWA Effie als Maßstab zur Bewertung herangezogen."[227] Die Zielsetzung der Agentur kann in der BSC verankert und operationalisiert werden. Die Erreichung führt nicht nur zu PR in der Fachpresse, Bewerbungen von interessanten Kandidaten sondern auch zur

---

[223] Vgl. ebenda, S. 126 f.
[224] Vgl. http://www.boeckler.de/.
[225] Vgl. Krey/Nerdinger (2005), S. 138.
[226] Vgl. hierzu und im Folgenden Kaplan/Norton (1997), S. 125 f.
[227] Vgl. http://www.gwa.de/.

Erhöhung von Aufmerksamkeitsgrad und Durchdringung bei den Bestands- und Neukunden. Somit ist die Erfassung in der Entwicklungsperspektive als absolute Kennzahl (z.B. „top 10 Platzierung Manager Magazin) für die definierten Kreativagenturen i.e.S. unerlässlich. Die Kreativagenturen i.w.S. können durch eigene Zielvorgaben, die z.B. der Chief Creative Officer vorgibt und bewertet, qualitative Merkmale aufstellen, so wie auch die Kreativdirektoren die Kreations-Mitarbeiter hinsichtlich der Kreativität, Qualität und Originalität ihrer Mitarbeiter und der Anzahl der umgesetzten Ideen hinsichtlich ihrer Produktivität und ihres Potenzials bewerten müssen.[228]

3.6.6 Zwischenfazit

Die Lern- und Entwicklungsperspektive beinhaltet zahlreiche Frühindikatoren der Performance- und Leistungsfähigkeit. Durch die Einbindung des Kunden in den Leistungserstellungsprozess, sind methodische und soziale Fähigkeiten des Kundenkontaktpersonals, sowie ein hohes Maß an Kreativität - sofern dies vom Kunden gewünscht ist - der Kreativ-Teams ebenso ausschlaggebend für den langfristigen Erfolg der Agentur, wie die Sicherstellung der Zufriedenheit (und Motivation) der Mitarbeiter und die Steigerung ihrer Produktivität sowie abteilungsübergreifenden Wissenstransfers[229]. Die wichtigsten, der in den vorigen Abschnitten dargestellten Kennziffern für die Agenturen, sind nachfolgend tabellarisch dargestellt.

---

[228] Vgl. Abschnitt 3.6.3 und 3.6.4
[229] Vgl. Kaplan/Norton (1997), S. 131.

Ziele	Vorgaben
Mitarbeitertreue & Loyalität	Fluktuation <10%, durchschnittliche Krankheitstage nicht höher als im Vorjahr
Steigerung der Motivation & Produktivität	Durchschnittlich 1,5 Mitarbeitergespräche / Jahr sowie Verhältnis von eingereichten Verbesserungsvorschlägen / realisierten Verbesserungen
Sicherung der Mitarbeiterperformance	Durchschnittliche Mitarbeiterzufriedenheit >75%, Möglichkeit zur Teilnahme an Weiterbildungen 1x / Jahr sowie an abteilungsübergreifenden internen Seminaren 1x / Monat
Creative Excellence	Top 10 Platzierung im Kreativranking des *manager magazins*

Quelle: Eigene Darstellung.

Tab. 9 Beispielhafte Darstellung der Lern- und Entwicklungsperspektive

Die in der Tabelle beispielhaft genannten Vorgaben veranschaulichen die Ziele der Kreativagenturen innerhalb der Lern- und Entwicklungsperspektive. So kann als Indikator der Zufriedenheit und Loyalität die Anzahl der durchschnittlichen Krankheitstage pro Mitarbeiter gelten, die relativ leicht zu ermitteln ist und mit verschiedenen Vorjahreszeiträumen vergleichbar ist. So kann ein Anstieg der Krankheitstage generelle Unzufriedenheit der Mitarbeiter bedeuten. Um tatsächlich Erkenntnisse über die Zufriedenheit der Mitarbeiter zu erhalten und insbesondere die Gründe für die Unzufriedenheit zu erfahren, sind qualitative Befragungen unumgänglich. Daher können regelmäßige Mitarbeitergespräche ebenso als Maßnahme zur Steigerung und Erhaltung der Mitarbeiterproduktivität durchgeführt werden. Wie bereits dargestellt wurde, sind konkrete aktivitätsorientierte Zielsetzungen anzustreben, die somit auch die Zielsetzung des kreativen Potenzials betreffen. Eine klar formulierte und angestrebte Position in den Kreativrankings ist somit grundlegend für die Umsetzung der Strategie und zugleich ein wichtiges Commitment der Agenturführung, die somit die Messlatte vorgeben, an der sich die Gesamt-Mitarbeiterperformance messen lässt.

4. kritische Würdigung

Die bisherige Controllingliteratur hat überwiegend die Dienstleistungen des Typs A untersucht, den interessanteren und „typischeren" Typ B bislang nicht so stark, wie von Bruhn/Stauss bzw. Schäffer/Weber gefordert.[230] Doch auch wenn das Dienstleistungscontrolling noch nicht abschließend erforscht ist, wurde die Balanced Scorecard in breitem Umfang in der Literatur diskutiert. Daher widmet sich der folgende Abschnitt der Würdigung der BSC zunächst als Performance-Measurement-System, bevor die Chancen & Risiken spezifisch für Agenturen abgeleitet werden.

4.1 Kritik an der BSC

Die BSC betont, dass monetäre und nicht monetäre Kennzahlen ein Teil des Informationssystems für alle Mitarbeiter der Unternehmensbereiche sein müssen, um ihre Tätigkeit zielgerichtet im Sinne des Unternehmens ausüben zu können, so wie die Geschäftsführung die KPIs für die Steuerung ihrer langfristigen Ziele kennen muss.[231]

Woratschek kritisiert an der BSC, das ihr Erfolg zum einen stark von der zugrunde gelegten Ursache-Wirkungskette abhängt und zum anderen, dass diese in der Regel nicht empirisch überprüfbar ist oder dann sogar kontra-intuitive Zusammenhänge offenbart.[232] Ebenso können Zusammenhänge der Service Profit Chain kritisiert werden, da sich die Richtung der Kausalitäten nicht immer eindeutig definieren ließe. Hinzuzufügen ist, dass die BSC externe Faktoren, wie Wettbewerber, Marktentwicklungen und Kooperationspartner, nicht berücksichtigt.
Zudem sind Kennzahlensysteme inhaltliche Schranken, durch Kompromisse bezüglich Aktualität, Geltungsbereich, Operationalisierung und Wirtschaftlichkeit, gesetzt.[233] Letztendlich können Kennzahlen wertvolle Informationen zum Zwecke der Entscheidungsfindung liefern, sie bleiben aber immer interpretationsbedürftig.

---

[230] Vgl. Bruhn/Stauss (2005), S. 41.
[231] Vgl. Kaplan/Norton (1997), S. 9 f.
[232] Vgl. Woratschek et al. (2005), S. 257.
[233] Vgl. Reinecke/Geis (2005), S. 295.

Biermann fordert in der Debatte um faire und gleichzeitig praktikable Kennzahlensysteme, dass das Controlling „die Messlatte in erreichbarer Höhe positionieren sollte", da eine 100-prozentige Messgenauigkeit als unrealistisch einzustufen ist.[234] Weiterhin stellt er in diesem Zusammenhang fest, dass eine Vollerhebung aller gewünschten Daten aus operationalen Gründen und auch Kostensicht unzweckmäßig ist. Biermann plädiert daher auch die zweitbeste Lösung zuzulassen.[235]

Reinecke/Geis fordern von einem Kennzahlensystem, dass es möglichst *problemgerecht*, *konsistent*, *flexibel*, *organisationsgerecht* und *wirtschaftlich* sein soll.[236] Aufgrund der Problemstellung der Agenturen, wurde in Abschnitt 2.2.4 die BSC als geeignetes PMS identifiziert. Die Konsistenz des Ursache-Wirkungszusammenhangs wurde in diesem Zusammenhang nicht empirisch nachgewiesen, aber als die beste unter den gegebenen Möglichkeiten eruiert.[237] Die *Flexibilität* der BSC ergibt sich aus der Anpassung der individuellen Determinanten der vier Perspektiven, bzw. die in der Literatur und Praxis bereits oft vorgenommene Anpassung einer fünften Perspektive (z.B. als „Risikoperspektive"). Aufgrund ihres hohen Maßes an Transparenz entspricht die BSC zudem dem Kriterium der Einbindung in die Organisation. Als Tool liefert sie kompakte Informationen für verschiedene Interessensgruppen und lässt sich problemlos in persönliche Scorecards vertiefen.[238] Die Wirtschaftlichkeit hängt ab von den individuell erhobenen Daten, die jedoch durch die maximale Anzahl von fünf Kennzahlen pro Perspektive, auf ein überschaubares Maß begrenzen lässt.

---

[234] Vgl. Biermann (2005), S. 249.
[235] Vgl. ebenda.
[236] Vgl. Reinecke/Geis (2005), S. 280 f.
[237] Vgl. das Konzept des Dienstleistungscontrolling, den Stand der Wissenschaft und die Ausführung über die Service Profit Chain in Abschnitt 2.1.
[238] Vgl. Kaplan/Norton (2001), S. 224.

4.2 Chancen und Risiken für Agenturen

Die eingangs erläuterten Probleme, die als Basis für diese Erarbeitung dienten, können mit Hilfe der Balanced Scorecard im Großen und Ganzen gut gelöst werden: Die fehlende rationale Sicht wird durch die Strukturierung der BSC entlang der Service-Profit-Chain ausgeglichen. Die Umsetzung der Strategie kann mittels Ziele-/Maßnahmen-Vorgabe operationalisiert werden, so dass sichergestellt ist, dass die Mitarbeiter stets im Sinne der Agentur handeln.

Innerhalb der Kundenperspektive dient das zentrale Element der Befragung dem Gewinnen der subjektiven Eindrücke hinsichtlich der Dienstleistungsqualität der Agenturen. Durch regelmäßige und vollständige Befragung aller Kunden kann ein gewisses Maß an Objektivität erreicht werden und zudem wertvolle Erkenntnisse, die wiederum Bestandteil der Qualitäts- und Prozesskostenrechnung sind, für eine bessere Informationsversorgung, gewonnen werden können.

Die Analyse der Finanzkennzahlen ergab, dass für Agenturen insbesondere mehrperiodische Indikatoren, wie der diskontierte Cashflow und der Customer Lifetime Value, relevant sind. Mittels BSC ist es ihnen möglich, eine ausgewogene Sicht auf kurzfristige und langfristige Indikatoren zu erhalten. Das Risiko, Fehlentscheidungen zu treffen, sinkt in der Folge, wenn gleichsam Kennzahlen zum Wachstum, zur Rentabilität und zur Sicherheit analysiert werden.[239]

Intern müssen Agenturen im Sinne eines Qualitätsmanagements eine ständige Verbesserung fokussieren. Die dritte Perspektive der BSC forciert diese Verbesserung, die mit Hilfe der vorgestellten Instrumente erreicht werden kann. Ein Risiko liegt in dem enormen Aufwand der Etablierung eines QM-Systems, der wiederum eine Kontrolle der Kosten-Nutzen-Situation erforderlich macht. Ziel muss sein, dass das zusätzliches Controlling nicht der Aufwand den Nutzen übersteigt.

Innerhalb der Lern- & Entwicklungsperspektive ergeben sich Chancen durch die Erkenntnis und Systematisierung der Mitarbeiter-Einbindung auf die strategy map der Agentur. Durch den integrierten Ansatz der BSC treten die traditionell in der Praxis oft verwendete Kennzahlen (wie z.B. die Fluktuation), durch ihre Vergangenheitsorientierung in den Hintergrund, denn Ursachen für Veränderung können

---

[239] Vgl. Abschnitt 3.3.4.

lange zurückliegen und nicht mehr aktuell sein. Als Risiko kann auch hier wieder der vermutete Aufwand bei der Ermittlung der Kennzahlen genannt werden. Insbesondere zur Ermittlung der Mitarbeiterzufriedenheit sind Kenntnisse der Sozialpsychologie nötig und weiterhin Hürden, wie der Datenschutz, zu berücksichtigen.

Anhand des Fallbeispiels der Agentur Saatchi & Saatchi wurde deutlich, dass eine Anwendung der BSC für Agenturen große Chancen und Erfolge mit sich bringen kann. Es ist aber auch ersichtlich, dass die Analyse, Bereitstellung und kontinuierliche Auswertung der Indikatoren und Kennzahlen aufwändig ist und daher ein auch unter Kosten/Nutzen-Aspekten kontrolliert werden muss, um langfristig die Rentabilität, das Wachstum und das Erkennen von Frühindikatoren gleichermaßen zu ermöglichen: Da der Preisdruck auf Agenturen durch ihre Auftraggeber zunehmend steigt, werden Agenturen in Zukunft aller Voraussicht nach in immer stärkerem Maße ihre Effizienz unter Beweis stellen müssen. Der Bedarf an integrierten Performance-Measurement-Systemen wird voraussichtlich zunehmen, wie auch die Notwendigkeit, in stärkerem Maße vorökonomische Faktoren zu kontrollieren und steuern. Dabei kann das Instrument der Balanced Scorecard, wie auch Team- oder persönliche Scorecards einen wertvollen Beitrag leisten, der bislang wissenschaftlich kaum untersucht ist. Gerade die Frage, wie kundenwertorientierte Unternehmensführung in der Kommunikationsbranche unter Berücksichtigung von Mitarbeiterinteressen und langfristiger Ausrichtung eines klaren Agenturprofils möglich ist, könnte in weiteren Ausarbeitungen untersucht werden.

5. Schlussbetrachtung

Die Balanced Scorecard tritt als Performance-Measurement-System der praktischen Problematik vieler Agenturen (Erkennung von Frühindikatoren und Besonderheit der Merkmale Dienstleistungsunternehmen) entgegen. Der ihr zugrunde gelegte Ursache-Wirkungszusammenhang stimmt im Weitesten mit dem Ansatz der Service-Profit-Chain überein. Die Systematisierung der internen Perspektiven ist daher mit dem gewählten Instrument gelungen.

Die Zielsetzung bestand zum einen in der Erarbeitung von erfolgskritischen Kennzahlen und Indikatoren, mit denen sich ein integriertes Controllinginstrument agenturspezifisch abbilden lässt. Die erfolgskritischen Kennzahlen und Indikatoren wurden identifiziert und anhand der BSC ausführlich erörtert und im Hinblick auf die Agenturthematik beispielhaft angewandt. Des Weiteren bestand die Zielsetzung in der Erörterung der Besonderheiten des Agenturcontrollings. Dies wurde mit Hilfe von empirischen Studien und dem Vergleich anderer professioneller Dienstleistungen (Typ B), wie etwa einer Unternehmensberatung, und der Erarbeitung der spezifischen Besonderheiten des Dienstleistungscontrollings, gelöst.

Somit ist eine umfassende Analyse der erfolgskritischen Kennzahlen und Indikatoren anhand eines geeigneten PMS möglich gewesen, das ein vielversprechender Ansatz für die Lösung des Praxisproblems zu sein scheint.

Literaturverzeichnis

Adams, J.S. (1965). Injustice in social exchange. *Advances in experimental social psychology*, S. 267-299.

Alderfer, C.P. (1969). An empirical test of a new theory of human needs. *Organizational Behaviour and Human Performance, Nr. 2, 4. Jg.*, S. 142-175.

Barth, D./Barth, T. (2008). *Controlling*.

Bauer, H./ Meeder, U./ Jordan, J. (2000). *Ausgewählte Instrumente des Werbecontrolling*. Mannheim: Institut für Marktorientierte Unternehmensführung.

Benkenstein, M./Stenglin, A. (2005). Prozessorientiertes Qualitätscontrolling von Dienstleistungen. In Bruhn/Meffert, *Dienstleistungscontrolling* (S. 55-69).

Bienzeisler, B./Löffler, T. (2005). Jenseits von Kennzahlen: Interaktionskompetenzen zur Steigerung der Dienstleistungsqualität. In Bruhn/Meffert, *Dienstleistungscontrolling* (S. 211-231).

Biermann, T. (2005). Probleme der Implementierung kennzahlengestützter Steuerungssysteme. In Bruhn/Meffert, *Dienstleistungscontrolling*.

Binnewies, S. (2002). *Strategisches Management professioneller Dienstleistungen am Beispiel der Unternehmensberatung*.

Borchert, M. (2004). Leistungsdeterminanten. In Gaugler et al, *Handwörterbuch des Personalwesens* (S. 1441-1445).

Botzenhardt, F./Pätzmann, J.U. (2012). *Die Zukunft der Werbeagenturen*.

Bruhn, M. (2000). Qualitätscontrolling in Dienstleistungsunternehmen. *Qualitätscontrolling*, S. 19-27.

Bruhn, M. (2001). *Relationship Marketing. Das Management von Kundenbeziehungen*.

Bruhn, M. (2004). *Qualitätsmanagement für Dienstleistungen: Grundlagen, Konzepte, Methoden*.

Bruhn, M. (2006). *Dienstleistungsmarketing, Grundlagen - Konzepte - Methoden*.

Bruhn, M. (2009). *Relationship-Marketing. Das Management von Kundenbeziehungen*.

Bruhn, M. (2011). *Relationship-Marketing: Das Management von Kundenbeziehungen*.

Bruhn, M./Meffert, H. (2008). *Dienstleistungsmarketing: Grundlagen - Konzepte - Methoden: Grundlagen - Konzepte - Methoden.* Wiesbaden: Gabler.

Bruhn, M./Stauss, B. (2005). *Dienstleistungscontrolling.*

Camponovo, D. (2011). *Die Dienstleistungsqualität von Werbeagenturen auf dem Prüfstand.*

Cornelsen, J. (2000). *Kundenwertanalysen im Beziehungsmarketing: Theoretische Grundlagen und Ergebnisse einer empirischen Studie im Automobilbereich.*

Ernst & Young. (1998). *Measures That Matter.*

Fließ; S. et al. (2005). Qualitätsstandards im Dienstleistungsprozess. In Bruhn/Stauss, *Dienstleistungscontrolling* (S. 71-87).

Gemmel, P. et al. (2003). *Performance Measurement Systems in Service Firms.*

Georgi, D. (2000). *Entwicklung von Kundenbeziehungen: Theoretische und empirische Analysen unter dynamischen Aspekten.*

Gladen, W. (2005). *Performance Measurement. Controlling mit Kennzahlen.*

Gladen, W. (2011). *Performance Measurement: Controlling mit Kennzahlen.*

Görtz, A. (2012). *Studienarbeit: Controlling in Kreativagenturen.*

Grüning, M. (2002). *Performance-Measurement-Systeme.*

GWA. (2003). *GWA-Frühjahrsmonitor.*

Haller, S. (2001). *Dienstleistungsmanagement. Grundlagen - Konzepte - Instrumente.*

Hermanns, A./Thurm, M. (2000). *Customer Relationship Marketing, Die Wiederentdeckung des Kunden im Marketing.*

Herzberg et al. (1959). *The motivation to work.*

Horváth, P. (2003). *Controlling.*

Kaplan R./Norton, D. (1996). *Using the balanced scorecard as a strategic management system.*

Kaplan R./Norton, D. (1997). *Balanced Scorecard: Strategien erfolgreich umsetzen.*

Kaplan, R./Norton, D. (2001). *Die strategiefokussierte Organisation.*

Kaplan, R./Norton, D. (2004). *Strategy Maps.*

Kleinaltenkamp, M. (1997). Integrativität als Kern einer umfassenden Leistungslehre. In K. e. Backhaus, *Marktleistung und Wettbewerb* (S. S. 83-114).

Kloss, I. (2003). *Werbecontrolling - Konzept, Instrumente, Fallbeispiele.*

Kraft, M. (2007). *Kundenbindung und Kundenwert.*

Krause, O. (2005). *Performance Measurement: Eine Stakeholder-Nutzenbasierte und geschäftsprozessbasierte Methode.*

Krey, A./Nerdinger, F.W. (2005). Partizipatives Produktivitätsmanagement. In M. B. Bruhn, *Dienstleistungscontrolling.*

Küpper, H.-U. (2001). *Controlling: Konzeption, Aufgaben und Instrumente.*

Lissautzki, M. (2007). *Kundenwertorientierte Unternehmenssteuerung.*

Locke, E.A./Latham, G.P. (1990). *A Theory of Goal Setting & Task Performance.*

Locke, E.A./Latham, G.P. (2002). Building a practically useful theory of goal setting and task motivation. A 35-year odyssey. *American Psychologist,* S. Nr. 9, 57. Jg. S. 705-717.

Luft, J. (2003). *Neue Entwicklungen im Werbecontrolling unter besonderer Berücksichtigung der Balanced Scorecard.* Hamburg: Diplomica.

Maslow, A.H. (1977). *Motivation und Persönlichkeit.*

Mauser, T. (2005). *Agentur-Rentabilität unter Controlling* (2. Auflage Ausg.). Frankfurt: Gesamtverband Kommunikationsagenturen GWA.

McClelland. (1988). *Human Motivation.*

Meffert, & Bruhn. (2003). *Dienstleistungsmarketing.*

Mödritscher, G. (2008). *Customer Value Controlling: Hintergründe - Herausforderungen - Methode.*

Mullins, L. (1996). *Management and Organizational Behaviour.*

Norton, R. Kaplan/ D. (2000). *Having trouble with your strategy?: then map it.* Harvard Business School: Harvard Business School Pub. Corp.

Partner, H. &. (2000). *Das Controllingkonzept.*

Peternell, F. (2005). *Möglichkeiten und Grenzen des Werbecontrolling.*

Preißler, P. (2008). *Betriebswirtschaftliche Kennzahlen: Formeln, Aussagekraft, Sollwerte, Ermittlungsintervalle.*

Ramseier. (2004). *Motivation als Ergebnis und als Determinante schulischen Lernens.*

Reckenfelderbäumer, M. (1998). *Marktorientiertes Kosten-Managament von Dienstleistungs-Unternehmen.*

Reckenfelderbäumer, M. (2005). Konzeptionelle Grundlagen des Dienstleistungscontrolling. In Bruhn, M./Stauss, B., *Dienstleistungscontrolling* (S. 33-51).

Reichheld, F. (1997). *Der Loyalitäts-Effekt - Die verborgene Kraft hinter Wachstum, Gewinnen und Unternehmenswert.*

Reinartz, W./Kumar, V. (2000). On the profitability of Long-Life Customers in a noncontractual Setting. *Journal of Marketing*, S. Vol. 64, S. 17-35.

Reinartz, W./Kumar, V. (2002). The mismanagement of customer loayalty. *Harvard Business Review*, S. Vol. 80, No. 7; S. 86-94.

Reinecke, S. (2004). *Marketing Performance Management.*

Reinecke, S./Geis, G. (2005). Kennzahlengestütztes Marketingcontrolling in Dienstleistungsunternehmen. In Bruhn, M./Stauss, B., *Dienstleistungscontrolling.*

Rohbock, U. (2006). *Marketingmangament kleiner und mittlerer Werbeagenturen.*

Schäffer, U./Weber, J. (02/2002). Herausforderungen für das Dienstleistungs-Controlling. *Dienstleistungscontrolling Sonderheft der Kostenrechnungspraxis*, S. 5-13.

Scheer, A.-W. et al. (2003). *Modellbasiertes Dienstleistungsmanagement.*

Schierenbeck, H./Lister, M. (2002). *Value Controlling. Grundlagen wertorientierter Unternehmensführung.*

Schmitt, R./Pfeifer, T. (2010). *Qualitätsmanagement - Strategien, Methoden, Techniken.*

Schmitz, G. (2004). *Organizational Citizenship Behaviour Intention des Kundenkontaktpersonals in Dienstleistungsunternehmen.*

Schmitz, G. (2005). Mitarbeiterperformance als Ansatzpunkt eines Leistungscontrolling im Servicekontakt. In M. B. Bruhn, *Dienstleistungscontrolling* (S. 157-179).

Schreyer, M. (2007). *Entwicklung und Implementierung von Performance Measurement Systemen.*

Seibert, S. (2011). *Controlling in mittleren Unternehmensberatungen.*

Spreitzer, G. (1995). Psychological Empowerment in the Workplace: Dimensions, Measurement, and Validation. *Academy of Management Journal*, Vol. 38, No. 5, S. 1442-1465.

Stock-Homburg, R. (2011). *Der Zusammenhang Zwischen Mitarbeiter- und Kundenzufriedenheit: Direkte, Indirekte Und Moderierende Effekte.*

Van Looy, B. (2003). The role of empowerment in service organizations. In Van Looy, B. et al, *Service Management. An Integrated Approach* (S. 229-242).

von Rosenstiel, L. (2003). *Grundlagen der Organisationspsychologie.*

Vroom, V. (1964). *Work and Motivation.*

Wall, F./Schröder, R. (2005). Customer Perceived Value Accounting. In Bruhn, M./Stauss, B., *Dienstleistungscontrolling* (S. 115-131).

Weber, J. et al. (2008). Controlling & Verhalten. *Controlling & Management*, Sonderheft 1/2008, 52. Jg.

Weber, J./Lissautzki, M. (2004). *Kundenwert-Controlling*.

Weber, J./Lissautzki, M. (2005). Kundenwert-Controlling: Dienstleistungsunternehmen kundenorientiert steuern. In Bruhn, M./Stauss, B., *Dienstleistungscontrolling*.

Weber, J./Pfennig, C. (2009). *Mitarbeiterzufriedenheit im Controllerbereich: Controllerzufriedenheit als Schlüssel zum Controllingerfolg*.

Weiser, L. (2006). *Marketingcontrolling*.

Wöhe, G. (2005). *Einführung in die allgemeine Betriebswirtschaftslehre*.

Woratschek, H. (2001). Zum Stand einer "Theorie des Dienstleistungsmarketing". *Die Unternehmung*, S. 261-178.

Woratschek, H. et al. (2005). Dienstleistungscontrolling verschiedener Wertschöpfungskonfigurationen. In Bruhn, M./Stauss, B., *Dienstleistungscontrolling*.

Internetquellen

o. V.:

http://www.thepalladiumgroup.com/ABOUT/HOF/Pages/HofViewer.aspx?MID=64 [Stand 08.05.2012].

http://www.publicisgroupe.com/#/en/group [Stand 09.05.2012].

http://de.wikipedia.org/wiki/Saatchi_%26_Saatchi [Stand 09.05.2012].

http://www.wuv.de/w_v_research/basisfakten/agenturen/werbe_holdings [Stand 09.05.2012].

http://www.gwa.de/themen-wissen/gwa-monitore/ [Stand 10.05.2012].

http://www.horizont.at/uploads/media/32-34_Abwerbung.pdf [Stand 11.05.2012].

http://www.boeckler.de/pdf/p_edition_hbs_167.pdf [Stand 12.05.2012].

http://www.handelswissen.net/data/images/themen/kundenbindung/crm/kennzahlen.gif [Stand 15.05.2012].

http://www.faz.net/aktuell/wirtschaft/unternehmen/werbeagentur-springer-jacoby-ein-stern-verblasst-1828322.html [Stand 24.05.2012].

http://www.welt.de/kultur/article7087879/Wie-uns-Springer-amp-Jacoby-die-90er-verschoenerte.html [Stand 17.05.2012].

http://de.wikipedia.org/wiki/Springer_%26_Jacoby#Preise [Stand 22.05.2012].

http://www.handelsblatt.com/unternehmen/it-medien/werbeagentur-pleite-springer-undamp-jacoby-ist-geschichte/3406166.html [Stand 23.05.2012].

http://www.controlling-wiki.com/de/index.php/Finanzkennzahlen [Stand 29.05.2012].

http://hbr.org/2008/07/putting-the-service-profit-chain-to-work/ar/1 [Stand 29.05.2012].

http://www.mckinsey.de/html/presse/2007/20071004_kreativitaet.asp [Stand 29.05.2012].

http://www.bmwi.de/BMWi/Navigation/Wirtschaft/dienstleistungswirtschaft,did=239886.html [Stand 29.05.2012].

http://www.zaw.de/index.php?menuid=33 [Stand 29.05.2012].